中国民族语言文字信息技术教育部重点实验室资助
西北民族大学中央高校基本科研业务费项目（31920190035）资助
国家民委中青年英才培养计划资助

蒙古族大学生文本阅读的认知研究

胡阿旭　格根塔娜　著

科学出版社

北　京

内 容 简 介

多语人阅读不同语言文本时使用何种认知机制，一直是学界比较感兴趣的领域。随着眼动追踪技术和事件相关电位技术应用于语言学领域，我们得以更深入地探索语言加工的诸多奥秘。

本书基于相关认知实验技术及原理，借助眼动、脑电等技术，对蒙古族大学生多语种文本阅读的加工过程和认知机制进行了研究，以深入了解习得母语和第二语言的不同规律，可为提高第二语言的学习效率提供新的观点与证据，并可为少数民族语教学提供科学的指导，以提高少数民族学生各语言应用能力和文字阅读水平，促进民族地区社会文化的发展。

本书适合语言学、心理学等相关领域的研究者和相关专业高年级本科生、研究生参阅。

图书在版编目（CIP）数据

蒙古族大学生文本阅读的认知研究/胡阿旭，格根塔娜著. —北京：科学出版社，2020.9

ISBN 978-7-03-065930-9

Ⅰ. ①蒙… Ⅱ. ①胡… ②格… Ⅲ. ①蒙古族–大学生–汉语–少数民族教育–教学研究–中国 ②蒙古族–大学生–民族语–教学研究–中国 ③蒙古族–大学生–英语–教学研究–中国 Ⅳ. ①H19 ②H212 ③H319.3

中国版本图书馆 CIP 数据核字（2020）第 160237 号

责任编辑：付 艳 孙文影 李秉乾 / 责任校对：彭珍珍
责任印制：李 彤 / 封面设计：润一文化

科学出版社 出版
北京东黄城根北街 16 号
邮政编码：100717
http://www.sciencep.com

北京虎彩文化传播有限公司 印刷
科学出版社发行 各地新华书店经销
*

2020 年 9 月第 一 版　开本：720×1000 B5
2020 年 9 月第一次印刷　印张：11 3/4　插页：1
字数：200 000
定价：89.00 元
（如有印装质量问题，我社负责调换）

民族语言文字信息技术系列编写委员会

主　　编　于洪志
副 主 编　李永宏
编写人员（按姓氏拼音排序）
　　　　　　阿里木·玉苏甫　曹　晖　段力令
　　　　　　格根塔娜　　　　郭　蕾　胡阿旭
　　　　　　加羊吉　李冠宇　刘美丽　吕士良
　　　　　　马永峰　祁坤钰　王梦环　吴　汉

前　　言

　　阅读是日常生活中经常发生的认知活动。在当今知识经济时代，阅读更是人们获取信息的必然途径。阅读能力关系到个人在社会生活中的竞争力，影响着个人的学习、工作及发展。阅读也是一种比较复杂的认知技能，随着年龄的增长、学习时间的累积，人的阅读技能也会逐渐地发生变化。蒙古族大学生通常掌握蒙古语、汉语、英语三种截然不同的语言，其认知与加工过程是否与单语人（只掌握某一种语言的人）相同，不同语言文字对认知方式有何影响，多语者（此处指以蒙古语为母语，后期习得汉语和英语的人）各种语言间又如何相互影响等问题是本书探究的重点。蒙古文、英文是拼音文字，而汉字属于表意文字，三种文字书写系统在正字法、语音和句法上都存在差异，这些差异会导致个体在加工过程中使用不同的认知策略。目前，大量的研究已经发现，加工汉字与加工英文等拼音文字存在着不同的脑机制，并且二者的加工过程也存在明显的差异。本书研究的核心就是探讨蒙古族大学生在阅读的过程中使用何种认知机制。

　　本书利用眼动技术和脑电技术对母语是蒙古语的蒙古族大学生的阅读方式进行测量，建立眼动和脑电数据库，并进行统计分析，是一项创新的且具有现实意义的研究，尤其在语言教学和语言认知领域有重要作用。首先，对于蒙古族大学生多种语言文字的认知加工进行对比研究，能够揭示语言学习的客观规律，有助于我们深入了解习得母语和第二语言的不同规律；其次，借助母语习得经验，努力寻求第二语言习得的有效途径，尽量排除母语在第二语言学习中的干扰作用，使母语在汉语学习中起到桥梁作用；最后，通过对比研究，揭示不同的母语经验对个体学习汉语影响的主要方面及其原因，为提高第二语言的学习效率提供新的观点与证据，并有效地为少数民族语教学提供科学的指导，提高民族学生各语言应用能力和文字阅读水平，促进民族地区社会文化的发展。

在本书的编写过程中，刘美丽、段力令、白雪、陈晓梅、许娜和王梦环等参与了部分章节的资料搜集、撰写与校稿等工作，在此，对他们给予的支持和帮助表示感谢。由于笔者的水平所限，书中难免存在不足之处，真诚地希望读者给予反馈，以便笔者能不断地改进。

胡阿旭
2020 年 7 月 9 日

目　录

前言

第 1 章　认知实验技术及原理 ·································· 1

　　1.1　眼动实验技术及理论基础 ···························· 1

　　1.2　事件相关电位技术及理论 ·························· 14

　　1.3　认知实验中需要注意的问题 ······················ 29

第 2 章　蒙古族大学生蒙古语和汉语阅读知觉广度的眼动研究 ···· 33

　　2.1　阅读知觉广度的影响因素 ·························· 34

　　2.2　各语言系统阅读知觉广度的研究 ················ 37

　　2.3　蒙古族大学生蒙古语阅读知觉广度研究 ······ 40

　　2.4　蒙古族大学生竖排汉语阅读知觉广度研究 ···· 48

　　2.5　蒙古族大学生横排汉语阅读知觉广度研究 ···· 53

　　2.6　讨论 ·· 58

第 3 章　蒙古族大学生蒙古语、汉语词汇识别的眼动研究 ………… 65
　　3.1　文字类型 ……………………………………………………… 67
　　3.2　语音信息和形状信息对蒙古族大学生蒙古语单字识别的
　　　　 影响 ……………………………………………………………… 69
　　3.3　语音信息和形状信息对蒙古族大学生汉语单字识别的
　　　　 影响 ……………………………………………………………… 77
　　3.4　语音信息和形状信息对汉族大学生汉语单字识别的影响 ·· 83
　　3.5　蒙古族大学生和汉族大学生音形识别的对比研究 ……… 89
　　3.6　讨论 …………………………………………………………… 101

第 4 章　蒙古族大学生阅读有无词边界汉语文本的眼动研究 …… 107
　　4.1　研究方法 ……………………………………………………… 108
　　4.2　蒙古族大学生阅读横排短句和竖排短句的眼动研究 …… 113
　　4.3　蒙古族大学生阅读横排长句和竖排长句的眼动研究 …… 126
　　4.4　综合讨论与展望 ……………………………………………… 138

第 5 章　基于 ERP 的蒙古族大学生蒙汉英三语关系认知研究 …… 142
　　5.1　基于英文的蒙汉英对译词与非对译词识别研究 ………… 144
　　5.2　基于英语的蒙汉英对译词与非对译词识别研究 ………… 155
　　5.3　文字与语音信息的对比分析 ………………………………… 166
　　5.4　综合讨论与总结 ……………………………………………… 169

参考文献 ………………………………………………………………… 172

第 1 章
认知实验技术及原理

1.1 眼动实验技术及理论基础

1.1.1 眼睛的构造和特点

人的眼睛是一个球状体，它的直径大约有 23 mm。眼球的构造见图 1.1。眼球壁共分三层，由外到内分别是纤维膜、血管膜、视网膜。最外层的纤维膜厚而坚韧，外层前 1/6 主要由透明、无血管的结缔组织构成，这层结缔组织叫角膜。角膜是眼球前方突起的地方，光线从角膜进入眼内。眼球外层的其余部分是不透明的巩膜，巩膜俗称白眼，这层纤维膜起保护作用（图 1.1）。中间的血管膜在巩膜的内面，包括虹膜、睫状体和脉络膜三部分。虹膜位于眼睛前方距眼球壁 2/3 的地方，它有辐射状皱褶（即纹理），而且不同种族的人的虹膜颜色可能不同。它的主要功能是吸收眼球内散射的多余光线，并给眼球提供营养。虹膜是光线进入眼球的通路，其中间的圆孔就是瞳孔，瞳孔借助虹膜的扩瞳肌和缩瞳肌来扩张和缩小，借此控制进入眼内的光量。最内层的视网膜包括光感受细胞、双极细胞及节状细胞。人在注视物体时，总是将目标的像投射到视网膜的中央凹上。

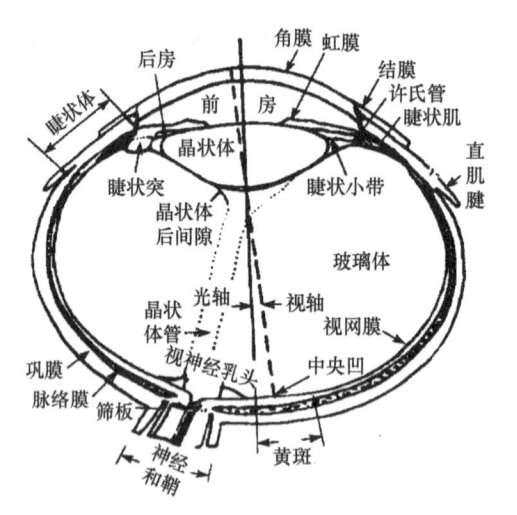

图 1.1　人眼球的构造图（闫国利，白学军，2012）

人的眼球在眼眶里，一共有三对眼肌（图 1.2）控制眼球的运动，它们协调控制着眼球的上、下、左、右方向的运动，三对眼肌的协调活动可使眼球以角膜顶端后方 13.5 mm 处为中心转动。眼球运动的范围约为 18°，当运动范围超过 12°的时候就需要头部运动的帮助。两个眼球总是向同一方向运动，它们的活动是非常协调的。做实验时一般只进行单眼的眼动记录，因为不论向哪个方向运动，两只眼睛之间的差别都是极小的，可以忽略不计。人的眼球运动有三种基本的类型，即注视、眼跳和追随运动。注视是为了将眼睛的中央凹对准以看清某一物体。眼跳的功能是改变注视点，使下一步要注视的内容落在视网膜最敏感的区域——中央凹附近，这样就可以清楚地看到想要看到的内容了。当我们观看一个运动的物体时，如果头部不动，为了使眼睛总是注视在这个物体上，眼睛就要追随这个物体移动。这就是追随运动。注视有三种情况：漂移、震颤、不随意眼跳动。Yarbus（1967）在实验中要求被试注视一个点，同时记录其眼动,从眼动轨迹中我们可以十分清楚地看到漂移(图 1.3)。由此可见,注视过程的视轴漂移是一种不规则的运动。

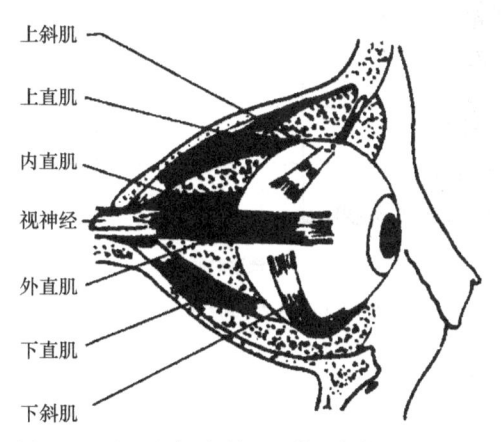

图 1.2 眼肌示意图(闫国利,白学军,2012)

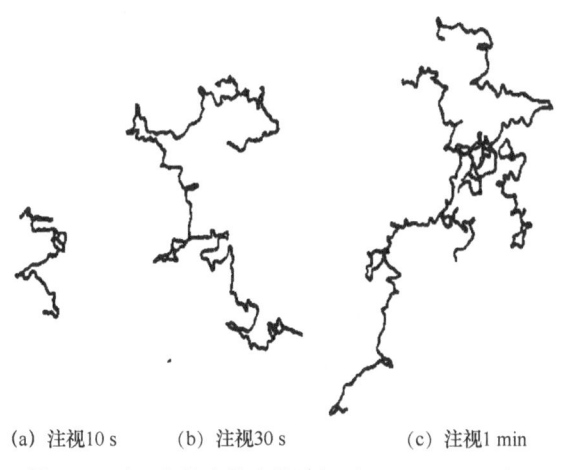

(a) 注视 10 s　　(b) 注视 30 s　　(c) 注视 1 min

图 1.3 对一个静止的点的注视(Yarbus,1967)

Rayner(1978)认为,读者在阅读一篇文章时,其注视持续时间为 100—500 ms。对熟练的读者来讲,平均每次注视时间为 200—250 ms。一般漂移速度差异很大,当漂移时间超过 0.20 s 时,漂移的次数明显增加,漂移时不随意跳动占注视总时间的 3%(图 1.4)。任何漂移都会有震颤,但这两种形式的眼动是独立的。

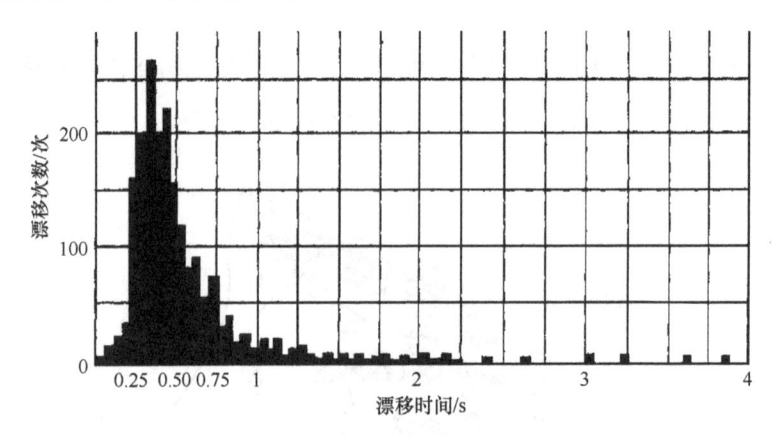

图 1.4　5 名被试的 2000 次漂移分布情况（Rayner，1978）

1.1.2　眼动实验技术

最早使用仪器对眼动进行观察和实验始于 10 世纪的阿拉伯国家。著名阿拉伯学者 Ibn Al-Haytham 撰写的《生理光学》（*The Book of Optics*）是人类历史上第一部生理光学著作。该书表明，人类已经意识到眼睛运动的重要性，它详细地描述了眼睛结构和视觉系统的解剖学特点，并提出中心视觉和边缘视觉的概念。后来，眼动研究领域一直沉寂，直到 19 世纪，Johannes Muller 发现了视旋转，即眼球以视轴为中心旋转，自此眼动研究领域重获生机，开始进入全新时代。由整个眼动技术的发展历史可以清晰地发现，眼动研究从初期的表象特征观察技术逐渐发展到精确的测量、记录研究，并最终发展成为现代的眼动技术。

眼动技术是根据人眼球运动的轨迹分析阅读的变化过程。基于眼球的生理模型，获取眼睛对应的图像学参数，推测眼动轨迹，是图形学眼动记录方法的工作基础。因此，眼动记录方法综合了生理学、计算机图形学、心理学等学科知识。在眼动记录方法发展过程中，眼动技术大致经历了以下几个阶段，即直接观察法、机械记录法、电流记录法、电磁感应法、角膜反光法等。掌握眼动记录方法的根本原理，是开展眼动研究、眼动实验设计的基础。眼动技术的快速发展使眼动实验的数据更加精确，所有数据的统计分析都可以由计算机处理，而且实验过程也越来越人性化，对人体没有任何伤害。

（1）直接观察法

用肉眼直接观察被试的眼动情况是一种比较原始的眼动研究方法。Javal 曾于 1897 年用一面镜子直接观察被试的眼动。实验时，为了避免被试分心，主试站在被试后面，观察被试眼球在镜子中的运动情况。Erdmann 和 Dodge（1898）使用类似的方法，把镜子靠近被试的书本，平放在桌上，被试面对光坐着，主试在桌子的对面从镜子中观察被试的眼动。Miles（1928）使用窥视孔法，在被阅读的材料中间穿一个直径为 6.35 mm 的小孔。主试与被试面对面坐着，主试为被试拿着材料并挡住自己的脸，主试可以通过小孔观察被试阅读该文章时的眼动。此法有四点好处：第一，主试可以在离被试很近的位置进行观察；第二，主试可以从正面直接观察被试的眼动，这比通过一面镜子进行观察更直接、更精确；第三，与当时的其他方法相比，主试可以更精确地判断出被试的注视位置；第四，主试的面部在阅读材料背后，故可以避免被试分心。对于儿童和有不良阅读习惯的被试来讲，这一点非常重要。但是单纯用肉眼观察只能看到幅度比较大的眼动，如果眼动幅度为 1°，主试就很难观察到。于是，开始有人借助光学仪器来获得眼睛的放大图像，从而增加观察的准确性。

（2）机械记录法

眼动的机械记录是指眼睛与记录装置的连接是由机械传动实现的。这种记录方法大致可分为两种类型。第一种是利用角膜为凸状的特点，通过一个杠杆传递角膜的运动情况。杠杆的支点固定在被试头部，杠杆光滑一端在轻微的压力下，轻触已被麻醉过的眼球表面，杠杆的另一端在运动着的纸带上进行记录。实验时，被试头部通常用支架固定。Cords（1927）使用过上述方法。第二种是使用小型环状物。环状物的中心有一个小孔，被试可以通过该小孔看外面的物体。环状物吸附在被麻醉过的眼角膜上，且与一个细杠杆或一根线连接，借此将眼动情况传到记录装置上。德国罗斯托克大学的 Ahrens 博士将一个轻型象牙环状物附在阅读者的角膜上，并将一根硬鬃毛与环状物连接，鬃毛的另一端在一个烟熏鼓上进行记录。他虽然没有成功，但给后人以很重要的启示。Huey 于 1908 年将石膏制成的环状物进行特殊处理，在不妨碍被试视觉的条件下盖在角膜上，为了防止疼痛，角膜表面经过药物麻醉，石膏环状物上接一根小棒或一根细线与描绘指针连接（图1.5）。

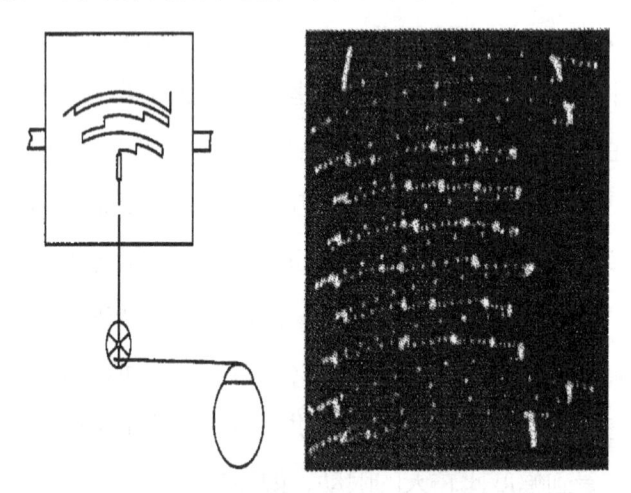

图1.5 眼动的机械杠杆法（Huey，1908）

（3）电流记录法

眼球运动可以产生生物电，角膜和视网膜的代谢率是不一样的，角膜部位的代谢率较低，网膜部位的代谢率较高，所以角膜和网膜间就形成了电位差。角膜对网膜来说是带正电的，网膜对角膜来说则是带负电的。当眼睛注视前方未发生眼动时，可以记录到稳定的基准电位；当眼睛在水平方向上运动时，眼睛左侧和右侧之间的电位差会发生变化；当眼睛在垂直方向上运动时，则眼睛上侧和下侧之间的电位差会发生变化。电位变化的测定是将一对电极装在相应的皮肤位置上，然后将电信号放大在灵敏的电流计上读出来或显示在阴极射线示波器上进行照相记录，也可以通过记录仪直接描记下来。Ford 等于 1959 年改进了电流记录法，该记录装置可以同时记录眼睛的水平和垂直眼动（图 1.6）（转引自：闫国利，白学军，2012）。用电流记录法研究眼动有两点好处：第一，头部的运动不会影响记录结果；第二，记录时不用直接接触眼睛。但这种方法也存在不足，用这个方法所记录的不是眼球的实际运动情况，而是电位差的相对的数值，需要进一步的推算才能把眼动的确切运动情况计算出来。电流记录法是眼动记录的方法之一，它虽是一个比较好的方法，但是在技术上却是相当复杂的。

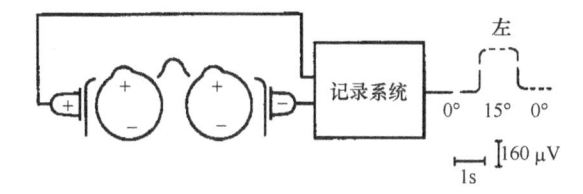

图 1.6 双眼向左移动时的电位变化示意图（闫国利，白学军，2012）

（4）电磁感应法

20 世纪 60 年代，Robinson（1963）首创了电磁感应法，此法可以监视双眼的运动情况。具体方法如下：将被试的眼睛麻醉，把一个装有探察线圈的接触镜片吸附在眼睛上。线圈中存在感应电压，通过对感应电压的相敏检测，可以精确地测量水平和垂直方向的眼动。Collewijn 等（1975）发明了一种由硅橡胶制成的柔性强的小环，可以将它戴在眼的边缘，探察线圈装在环中，硅橡胶环的应用使电磁感应法得到了较大的改进。但是此法还存在不足，如价格昂贵、眼睛戴上接触镜片后会引起轻微的疼痛、有时还会使视敏度下降等。20 世纪 80 年代，Kenyon（1985）发明了一种质地较软的接触镜片，其中装有探察线圈，使用这种方法不必进行局部麻醉。荷兰 Skalar 分析仪器公司生产出了磁感应眼动记录系统，它使用的是硅质接触镜片。后来又改进了原来的技术，使用双磁感应法。此法取消了探察线圈中的导线，这样就大大减轻了被试在实验中的不适感，也消除了导线易断对眼动记录的影响。不过在使用这种方法时被试的头部不能移动。

（5）角膜反光法

角膜反光就是角膜反射落在它表面上的光。角膜是从眼球体的表面凸出来的，所以在眼球运动过程中，角膜对来自固定光源的光的反射角度也是变化的，因此可以用角膜反光来记录眼动。早期用角膜反光记录研究眼动的人是 Dodge 和 Stratton。Dodge（1907）使用的眼动记录仪器是让平行光照射在人的眼球上，再让角膜反射出来的光进入摄像机，摄像机的感光胶片匀速移动，这样就把角膜反射出来的光点移动轨迹拍摄下来了，这个轨迹就是眼动轨迹，这种仪器通常被称为光记纹鼓。Stratton（1906）利用普通照相法来记录角膜反光，他使用普通静止的照相方法，排除其他所有光源，摄取角膜反光，从而得到相当可靠的眼动的简单记录。Cornsweet 和 Crane（1973）利用浦肯野图像（指由眼睛的若干光学界面反射所形成的图像）来记录眼动（用浦肯野图像进行眼动测量的仪器叫双浦肯野眼动仪）。Johansson 和 Backlund（1960）将利用角膜反光原理制成的眼动仪安装在被试的头部。该仪器的重量为 0.68 kg，被试戴着它没有不适的感觉。目前，国际上不少生产眼动仪的公司有利用角膜反光制成的产品。以上几种对眼动记录方法的分类是相对的，由于各种记录方法之间互相渗透，因此有时很难把它们截然分开。

1.1.3　眼动研究的理论基础

（1）视觉缓冲器加工理论

视觉缓冲器加工理论是由 Bouma 和 de Voogd（1974）提出的。该理论认为，阅读文章的局部特征不直接影响读者的眼动过程。在阅读文章过程中，眼睛是按照固定的速度向前移动的，注视时间的长短不能反映该注视点所注视内容的加工难度。因为每次注视时，读者都提取视觉信息，并存储在工作记忆的缓冲器中。在阅读过程中，眼睛的注视点虽然已经移动到文章的下一个地方，但是大脑对前面存储在缓冲器中的内容的加工仍在进行着。在阅读过程中，被提取的信息不断地输送到工作记忆的缓冲器中。因为工作记忆对信息的处理能力是有限的，所以当所加工的内容难度过大时，缓冲器中的内容就来不及加工。这时眼睛移动的速度就会降低下来，使在缓冲器中的信息得以继续进行加工。该理论认为，文章内容的难易只是影响注视文章的总时间，而每个注视点的时间与所注视文章内容的难易没有关系。在阅读过程中，读者的眼动过程同认知加工过程之间没有关系。但后来许多实验结果表明，在阅读过程中，每个注视点的持续时间的长短与正在阅读的内容难易是有关系的。

（2）Just 和 Carpenter 的直接假说和眼-脑假说

Just 和 Carpenter（1980）发表了一篇著名文章，即《一种阅读理论：从眼注视到理解》。这篇文章提出了一种阅读理解的理论模型，用于解释大学生在阅读科技文章时眼注视的分配情况。Just 和 Carpenter 以眼动为指标考察了被试阅读时对词、句子和文章单元的加工情况。Just 和 Carpenter 发现，在心理加工负荷较大的地方注视停留时间较长，如低频词、句尾加工等。该模型认为，对每个词的总注视时间与加工不同水平内容之间呈函数关系。Just 和 Carpenter 提出了两种眼动理论模型，即直接假说和眼-脑假说。直接假说认为，对所阅读内容在各个水平上的加工不是延迟进行，而是即时进行的。眼-脑假说表示，只要被试正在加工这个词，其就会注视这个词，也就是说，被试所加工的词正是其所注视的那个词，所以对某个词的加工时间就是对该词的总注视时间。这两个理论有一定的实验证据支持，但不能回答这样的问题，即对一个词的注视时间在多大程度上反映了对该词的加工时间。因此，需要一个理论来解决以下两个问题：第一，在一次注视过程中完成了哪些加工；第二，当未直接注视那个词时，完成了对那个词的哪些加工。

（3）副中央凹加工理论

副中央凹加工理论认为，在阅读过程中，读者眼睛的注视范围可以分为两部分，一是中央凹注视的范围，二是副中央凹注视的范围。当读者用中央凹视觉注视一个词时，其副中央凹视觉对注视点右侧的词也进行着信息加工。所以，有时读者在阅读过程中，注视点不是从当前注视的词上转移到旁边的那个词，而是跳过它去注视第三个词，这就是说，在阅读过程中，被试对有些词是不注视的。但是，这种不注视并不表明没有对其进行信息加工，而是副中央凹已对其进行了加工。此外，由于副中央凹视觉对注视点右侧的词进行了部分加工，所以在阅读过程中，眼睛对一个词的注视时间受其前后词特征的影响。

（4）"聚光灯"理论

McConkie 等（1979）认为，可能存在一种独立于眼动的内部注意的转移机制，这种注意转移机制像一个聚光灯，在进行阅读时，聚光灯会沿着阅读材料移动，当对词的加工遇到困难时，如遇到低频词，聚光灯就会停止移动。这时就会有一个信号传到眼动系统，使眼睛移动至遇到困难的地方。该理论的优点是简单明了。当内部注意机制在阅读过程中遇到困难时就会有信号使眼睛移动到出现困难的地方。但是该理论也存在明显的不足，即如果要等遇到了困难之后才开始计划进行一次眼跳，这似乎会使眼跳前的那次注视时间过长。

（5）Morrison 的眼动理论模型

Morrison（1984）提出了一个精细的眼动理论模型来分析、解释阅读过程中的眼动。他保留了"聚光灯"理论中将内部注意机制比喻成一个聚光灯的思想，但是也做了一定的修改。他认为，内部注意机制一次只加工一个词（词 N），使注意机制向下一个词（词 N+1）移动的信号是对前一个词的成功识别。当注意机制移动到下一个词的时候，就会有一个信号传到眼动控制系统，进而发生眼跳，使眼睛注视下一个区域。Morrison 的眼动理论可以解释阅读过程中的一些重要现象：①对副中央凹的预视效应的解释。②对注视的解释。在同一时间里可以计划出不止一次的眼动。每次注意机制移动到一个新词上时，不论先前发出的指令是否被执行都会发出新的眼动信号（图 1.7）。③对跳读的解释。跳读是指在阅读过程中有些词根本就未被注视，而直接跳越过去，这里所说的跳读就是一种眼跳（图 1.8）。上述实验发现的现象在阅读中也是存在的，

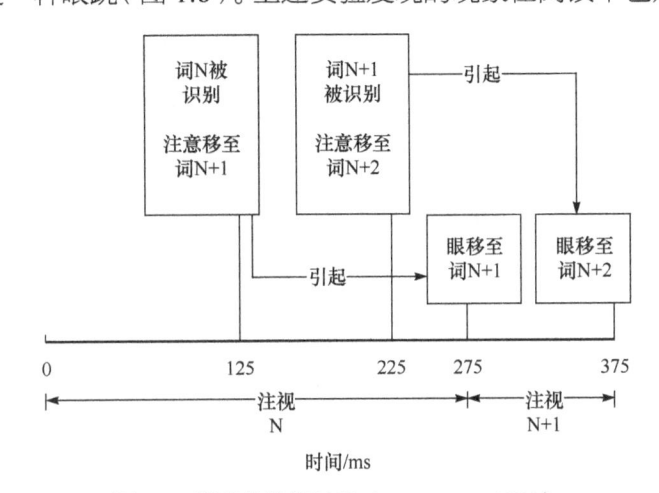

图 1.7　眼睛的注视过程（Morrison，1984）

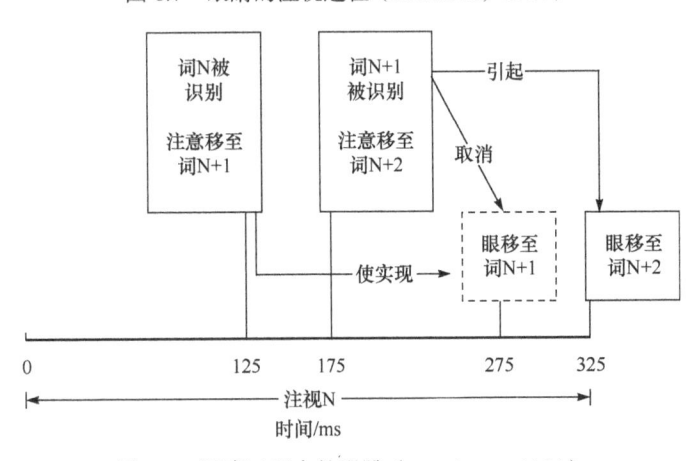

图 1.8　阅读过程中的眼跳（Morrison，1984）

如果两次注意转移之间的时间间隔过短，则第一次眼动将会被取消，出现跳读现象。

（6）O'Regan 等的战略战术模型

O'Regan 等（1984）认为，在阅读过程中读者所采取的是整体性策略。影响眼动的最主要因素是读者在注视早期获得的非词汇性信息，即眼睛在一个词上的最初停留位置。如果注视点落在一个词的最佳位置（靠近词的中部），那么就只有一次注视。而当注视点落在一个不适宜的位置，通常会有一次回视。在某个词上的注视位置在很大程度上决定着该次注视的停留时间，以及下一次注视的位置。一次注视持续时间的长短主要是由眼动限制决定的。对某一个词回视的可能性不依赖于该词的特性，而是取决于较低水平的视觉因素（如注视点落在该词的位置）。语言因素只影响持续 300 ms 甚至更长的注视，如果对一个词有两次注视的话，那么语言因素只影响第二次注视。该模型存在的问题是，其所提出的每个词存在最佳注视位置的结论，是从单词独立呈现的实验条件下获得的，而正常的阅读比识别单词要复杂得多。

（7）Reichle 等的 E-Z 读者模型

Reichle 等（1998）提出 E-Z 读者模型，不仅对认知加工与阅读中眼动关系进行了定性的说明，而且还进行了定量的描述。E-Z 读者模型的基本假设是，阅读中的眼动大多是由词汇通达引起的。Reichle 等并不否认对文章的整体性理解影响读者的阅读进程。但是，其所采用的工作假设是对文章的整体性理解，并不直接影响绝大多数的注视。Reichle 等同时认为，阅读时整个过程由两个功能不同的模块来执行，即对一个词的熟悉性验证和词汇通达由单词识别模块来执行，其余的加工过程由负责计划和执行眼跳的模块来执行（图1.9）。

(a)加工流程

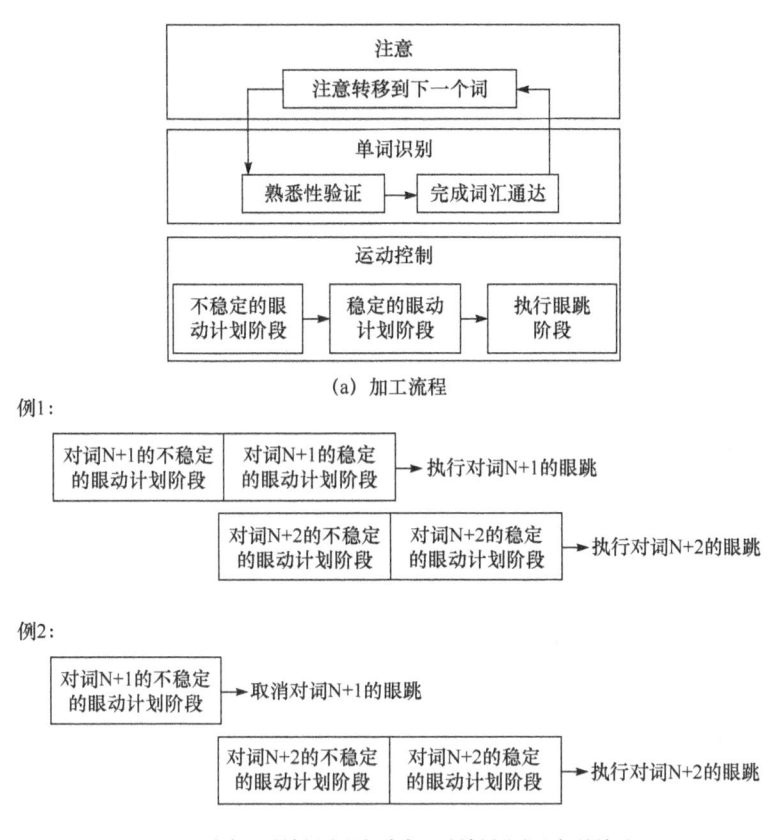

(b)不稳定眼动计划阶段与稳定眼动计划阶段之间的关系

图1.9 E-Z读者模型示意图（Reichle et al, 1998）

1.1.4 眼动实验研究方法

（1）眼动被试选择

眼动实验除具有自身的特殊性外，还具有普通心理实验的共同特点。因此，挑选眼动被试，不仅要遵循眼动实验的特殊规范，如图像学标准、视觉标准等，还要遵循普通心理学实验的共同规则，如知情同意、道德标准等。

（2）人机交互方式

眼动测试中要使被试保持好的测试状态，需要考虑被试和刺激器、记录器之间的交互问题。阴极射线显像管（cathode ray tube，CRT）显示器可调参数、头部固定，因为头部固定测量的精度更高，实验数据更加可靠。舒适座椅，座椅不能摇晃，距离适当，靠背平整。

（3）眼动实验研究方法的特点

眼动实验研究方法实现了对读者阅读过程的客观测量，实现了阅读材料理解过程的同时测量或动态测量，以及阅读过程的真实性测量。同时，它还实现了心理学研究的三种途径的结合。用眼动实验研究方法研究读者阅读材料理解的过程，能实现对认知过程的三个方面的研究，即能够探讨阅读材料的感知、阅读材料意义的理解，以及瞳孔直径三者之间的关系。

（4）眼动阅读研究具体方式

阅读时间法，即用阅读时间作为研究阅读的一个指标来揭示阅读者的理解过程。阅读时间法包括眼动记录法、移动窗口法、固定窗口法、累计窗口法和指定法。

任务判定法，要求被试对某一个问题迅速做出判断，通过考察被试的反应时间来分析被试的心理加工情况。具体包括词汇判定法和再认法。

命名法，要求被试阅读一篇文章，随后呈现一个视觉的目标刺激，要求被试用语言回答。回答时可以读出该词或者用一个词作答。命名法比任务判定法更加自然一些。

在阅读的眼动研究中可以使用多种方法进行同一实验。虽然这样做比较麻烦，但是可以增加实验结果的准确性，弥补各种方法的不足。使用不同的方法得出的结论不尽相同。因此，在实验时不能根据一种方法获得的结果就轻易下结论。

1.2 事件相关电位技术及理论

1.2.1 事件相关电位的原理与技术

事件相关电位（event-related potential，ERP）是由 Sutton 在 1960 年

左右提出的，该项技术源于对人脑中生物电的发现。自然状态下大脑收放电称作自发电位（即脑电波，electroencephalogram，EEG）。ERP 开始时被称作诱发电位（evoked potentials，EPs），这是由于它是在有一定刺激的情况下发现的，为了和原来的脑电波（即自发电位）相区别，把刺激诱发产生的脑电波称为诱发电位。显然"诱发电位"一词是为了强调这种电位是由刺激引起的。进入 20 世纪 60 年代后，运动预备电位和 P300 等主要由心理因素引起的脑电波被发现。学者认识到，"诱发电位"一词已不能概括由主动的自上而下的心理因素产生的脑电波了。在这种背景下，"事件相关电位"一词为大家所接受，并沿用至今。脑由于是电信号的良导体，大脑内神经元的电活动可以被传导到大脑皮层并由记录仪器捕捉。然而，单独活动的神经元信号强度过于微弱，只有相同电场方向并且同步的神经元活动总和，才能有足够的信号强度，从而可能被捕捉记录到。因此也可以说，头皮记录到的脑电信号是大脑内相隔一定距离的神经元群的电活动，而且大部分情况下只是部分的活动情况。头皮上采集到的电压强弱会受到距离因素的影响，即收集信号的位置点是否与神经元源一致或接近。大脑内的神经元源按离头皮的远近距离分为近场源和远场源两种。其中，初级体感诱发电位属于前者，由于靠近头皮而具有较强的电场，主要位于中央后回，波幅在顶部达到峰值。后者的代表是脑干听觉诱发电位（brainstem auditory evoked potential，BAEP）。由于其脑内源远离头皮而部分位于脑干部分，因此能够监测到的脑电信号波幅很小。

　　ERP 是刺激事件引起大脑内神经元电活动从而导致电压变化而形成的。能够使 ERP 变化的脑内因素主要可以归结为脑内源（即神经元）、活动强、电场方向的变化这三大类。ERP 可以体现大脑的加工机制，不同的 ERP 表明了不同的脑加工。即便是不同条件下呈现出相同的 ERP 也并不代表脑机制相同，而可能是神经元电场方向或活动强度的改变互相抵消而产生的结果。此外，捕捉提取到的 ERP 是以电位波形呈现的，同一个波形可以由任意多的脑内源形成。

使用 ERP 技术进行大脑加工的研究比其他技术的明显优势表现在以下几个方面。首先，ERP 的时间分辨率是毫秒级，大大优于能够三维成像的功能核磁共振成像（functional magnetic resonance imaging，fMRI）与正电子发射型计算机断层显像（positron emission computed tomography，PET）。更重要的是，ERP 能够同步不间断地连续记录大脑的活动，保证了测量的完整性而排除了人为因素的干扰。其次，ERP 技术的空间分辨率是以厘米作单位的，然而由于高密度电导的发展，脑电帽可以达到 128 导甚至 256 导，大大加强了空间分辨精准度，同时，偶极子溯源技术也为定位提供了良好的支撑。最后，ERP 技术的记录是多维度的，可以从极性的正负、波幅的大小、潜伏期的时间长短，以及头皮分布的范围等多个方面对大脑活动进行描述。这些属于 ERP 的独特优势为大脑与认知的研究发展提供了技术支撑，同时奠定了 ERP 技术普遍使用的现状与良好前景。

1.2.2 ERP 提取的基本过程

ERP 的获取是对 EEG 进行若干步骤的数据处理，将埋藏在 EEG 中的 ERP 波形成分逐渐显现出来,这个获取 ERP 波形成分的数据处理过程被称为 ERP 的数据提取过程。在得到 ERP 波形成分后还要对其进行一系列测量、分析等数据处理。

图 1.10 显示了 ERP 提取过程。EEG 进入放大器，每一导信号由一台放大器进行放大，并由放大器中的硬件进行模拟滤波。信号在放大器中还要接着进行 A/D 转换，由模拟量变为数字量。这些数字信号被送入计算机，形成文件并存储在外存储器光盘中，至此 ERP 的记录过程即告完成，对被试的实验结束。计算机可以形成连续记录文件，也可形成分

段文件。最好形成连续记录文件，因为它是全部原始记录，没有任何损失，从中可以得到任何可以得到的信息。研究者在探索未知的过程中经常产生新的想法，拟从实验结果中提取不同方面的数据，改变分段的长短、分段方式或增加类别，这只有在保留连续记录文件时才能做到，如果只保留分段记录，就不可能做到。在某些成熟的使用情况下，研究者为了快速处理以便及时得到结果，会形成分段文件。一般在记录、存储后再对实验数据进行进一步处理，即所谓离线处理。在数据量不大、分析定型的情况下，也可在实验记录的同时对数据进行进一步的处理，即所谓的在线处理。由于科学研究实验的数据处理方法一般不可能事先完全确定，因此均需离线处理。以下为离线处理过程。

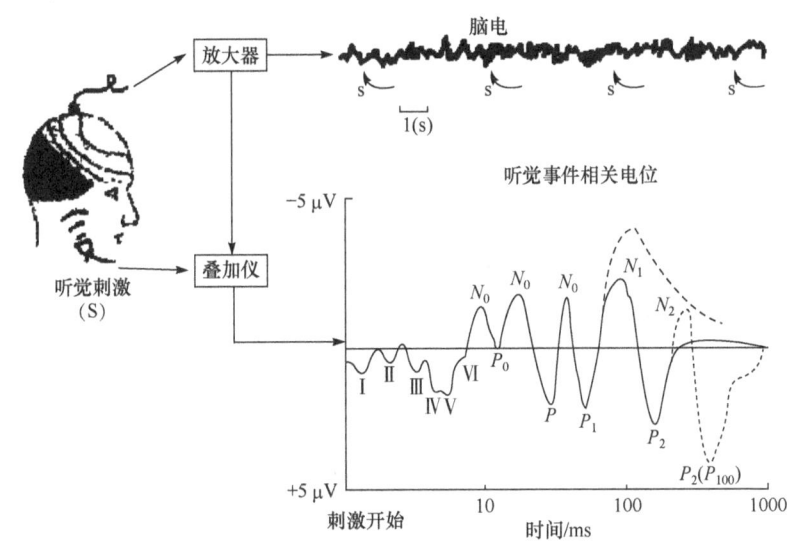

图 1.10 ERP 提取过程

（1）参考电极转换

各厂家生产的记录 EEG 的电极帽的参考电极位置不同，加之双耳连接法的停止使用，一般都需要转换参考电极位置。

（2）删除坏区导

在记录过程中，各导信号有时会在某段时间内发生大的波动甚至溢出，形成所谓的"坏区"。在这一步还要检查是否有的导信号失真总是过于严重（即所谓的"坏导"）。这些伪迹主要源于被试身体移动、仪器不稳或某只电极头皮接触电阻过大等，其伪迹很大，无法校正，需由主试进行肉眼检查与删除。

（3）排除眨眼伪迹

在记录脑电的过程中，被试的眨眼会使脑电产生很大的波动，形成眨眼伪迹。它的波幅很高，难以通过叠加消除。过去只能令被试减少眨眼次数，或者将含有眨眼伪迹的脑电删除。由于被试眨眼次数往往很多，难以控制，删除这些脑电将使得进入叠加的次数不足，有些被试眨眼与刺激或反应同步发生，删除这些脑电就没有可叠加的脑电了，这些被试的数据将不能使用，造成很大浪费。这个问题困扰了 ERP 工作者 20 多年，到 20 世纪 80 年代才被巧妙地解决。解决的方法是用计算机自动将 EEG 中所包含的眨眼伪迹去除，眨眼时发生了失真的脑电完全恢复，如同从未发生过眨眼一样，因此这实际上是对眨眼伪迹的校正。其做法是在记录 EEG 的同时以相同的滤波参数记录垂直眼电（vertical electrooculogram，VEOG）。其原理是抓住了眨眼伪迹的特点，即所有导联的眨眼伪迹都与垂直眼电的波形相同，区别仅在于波幅不同。因此，只要求出每个 EEG 导所含的 VEOG 与 VEOG 导所记录的 VEOG 的比值，即各导传播系数，从各导 EEG 中按其传播系数减去其 VEOG 即可。分段与分类是为了叠加 ERP，被叠加的各次脑电必须以刺激或反应为准对齐，即所谓刺激锁时或反应锁时，且应取同样的分析时间，依次从所记录的一段脑电中取出一个个的段。ERP 实验者经常在同一项实验中安排不同的刺激条件，以便相互对照说明问题。这就需要在记录中标记刺激类别，在记录后分别对不同刺激诱发的 ERP 进行叠加，为此需要在分段时或分段后按照刺激标记对分出的段进行分类。以上过程由计算机依程序自动完成。

(4）基线矫正

将基线数值调整为零的操作叫作基线矫正。分析时间包括基线和基线后两部分。通常情况下会采用刺激锁时，"基线"一词有时指刺激出现的时间，有时指刺激出现前所取的一段时间内的 EEG 平均值。本部分是指后者。要将此平均电位值规定为零，以便对刺激引起的 ERP 进行合理定量。为了获得刺激诱发的 ERP 电位值，将刺激前的一段脑电规定为零是最简单可行的方法。如果只取一个点为零，则因噪声和 EEG 的存在，波动不定，不够准确。既然要求出基线段的平均值以消除不规则的波动，那么基线长度就不能太短，一般不能短于 100 ms。在研究慢波时，所取的基线应该较长，一般约为分析时间的 1/5。长基线与短基线的 EEG 平均值是不同的，对于一条 ERP 曲线而言，表现为各个成分都增加或减少同一个值，而不同 ERP 曲线的这个差异值是不同的。将几种条件下的几条 ERP 曲线进行比较发现，长基线与短基线会造成各条 ERP 曲线差异上的不同。基线越长，均值接近零的概率越大，各条 ERP 曲线差异越接近真实，这就是基线不能取的太短的原因。

(5）排除其他伪迹

在分段与分类后必须再进行一次伪迹排除。眨眼伪迹已经在前项程序中被排除了，但是除了脑电和眼电以外，来自被试头皮肌肉、舌头、心脏、皮肤的电位变化都可以混入头皮电极记录到的电位中。另外，被试在记录脑电时的身体移动，特别是头的移动、吞咽动作、咳嗽等造成的电位变化更大，也必然混入头皮电极记录到的电位中。此外，外界的因素也可能对脑电产生影响，形成伪迹。这些伪迹没有规律，所以无法校正。如果伪迹不大，可以不必排除，通过叠加可以减小到允许的信噪比水平。如果伪迹过大，有限的叠加次数就不能将其降低到允许的信噪比水平，进入叠加就会使 ERP 失真。这时就要将这段超过一定数值伪迹的 EEG 删除，使它们不进入叠加。排除伪迹的数值标准以对叠加后的

ERP 没有明显影响为原则，并结合该被试、条件的背景噪声水平及 EEG 的大小来确定。

（6）叠加平均

EEG 含有心理与生理信息，但不是信息引起的波形本身；ERP 可以是信息引起的波形本身，但淹没在 EEG 中，通常观察不到，需要提取。EEG 的波幅可达 50—100 μV，一次刺激诱发的 ERP 的波幅一般为 2—10 μV，比 EEG 小得多，淹没在 EEG 中。二者构成小信号与大噪声的关系，因此无法测量、无法研究。但 ERP 具有两个恒定，一是波形恒定，二是潜伏期恒定，即同一诱发刺激多次出现时，每次刺激引起的 ERP 波形和潜伏期都是相同的。利用这两个恒定，可以通过叠加，从 EEG 中将 ERP 提取出来（图 1.11）。

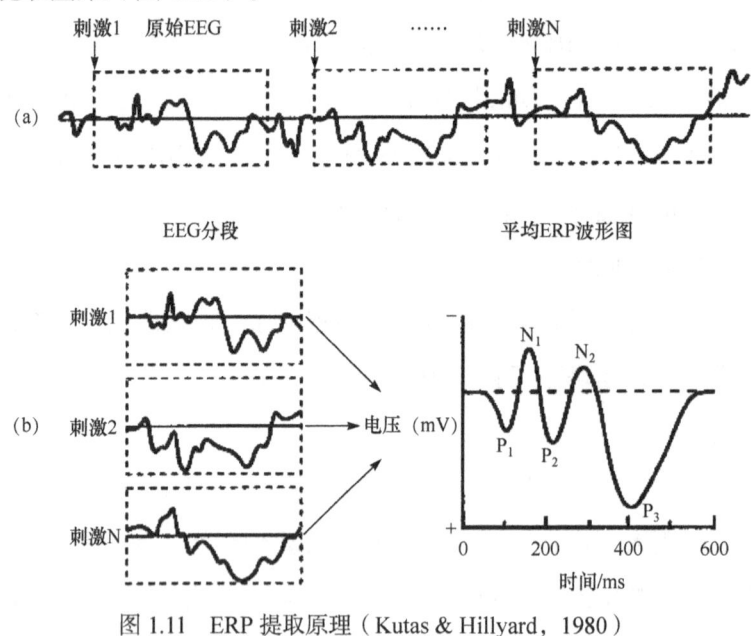

图 1.11　ERP 提取原理（Kutas & Hillyard，1980）

为了从 EEG 中提取出 ERP，需对被试施以多次重复刺激，将每次刺激产生的含有 ERP 的 EEG 加以叠加与平均。由于作为 ERP 背景的 EEG 波形与刺激间无固定的关系，而其中所含的 ERP 波形在每次刺激后是相同的，且 ERP 波形与刺激间的时间间隔是固定的，所以经过将刺激时间对齐地叠加，ERP 与叠加次数成比例增大，而 EEG 则按随机噪声方式加入。例如，叠加前 ERP 波幅为 EEG 波幅的 1/2，ERP 被埋在 EEG 中难以观察，那么经过 100 次叠加后 ERP 增加了 100 倍，EEG 增加了 10 倍，叠加后的 ERP 波幅是 EEG 的 5 倍，于是 ERP 就从 EEG 背景中浮现出来了。叠加后的 ERP 数值除以叠加次数，其平均值即还原为一次刺激的 ERP 数值，因此 ERP 又称平均诱发电位。通常，所谓的平均实际就意味着叠加后的平均，这就是提取 ERP 的基本原理。

1.2.3 脑地形图

通常所说的地形图是地理学中的概念，是一种可以表示方位与高度的平面或三维地理图形，既能反映两个地区的地理位置，又能反映其地形地貌。地形图通常以统一的标准颜色表示各地区的海拔，如以不同深浅的蓝色表示海区的海洋深度、以不同类型及深浅的红色表示山丘的高度。将地理地形图的信息表示方式引入到脑电图学，便形成了脑地形图（brain electrical activity mapping，BEAM）。脑地形图的原理是将通过脑电放大器放大后的脑电信号，再次输入到计算机内进行二次处理，将脑电信号转换成一种能够定量和定位的脑波图像。脑波的定量可以用数字或颜色来显示，其图像可呈二维平面和三维立体图像，它将大脑的机能变化与形态定位结合起来，表现形式直观醒目，定位准确，能客观地对大脑的机能进行评价（图 1.12）。进行脑地形图计算时需注意以下几点：电极一般需按国际标准 10-20 系统或 10-10 系统放置，至少 14—16 个电极，电极太少所得数值不够准确，只有足够的电极数才能保证插值的精确性；采样时间不宜太短，至少 2—3 min；EEG 数据必须排除伪迹。

脑地形图可以显示不同对象、不同状态的脑电分布和变化规律，可用来对脑部病变区域进行定位分析，也可以用来观察脑电的基本分布情况，以探讨大脑功能的基本机制。通常分为频率分布地形图、电压分布地形图和显著性概率地形图（significance probability map，SPM）。频率分布地形图主要针对不同的脑电频段；电压分布地形图通常用于诱发电位的研究；SPM 是由 Bartels 和 Duffy 于 1981 年发展起来的技术，即将两组脑电参数的显著性差异程度以脑地形图的形式展现出来，达到更直观、更具有连续性的效果。国内外均已成功地将该技术应用于检测阿尔茨海默病等疾病和功能区域的不对称情况等。ERP 研究中呈现的大多是电压分布地形图，可分为二维地形图和三维地形图，也可分为灰度、彩色等地形图。

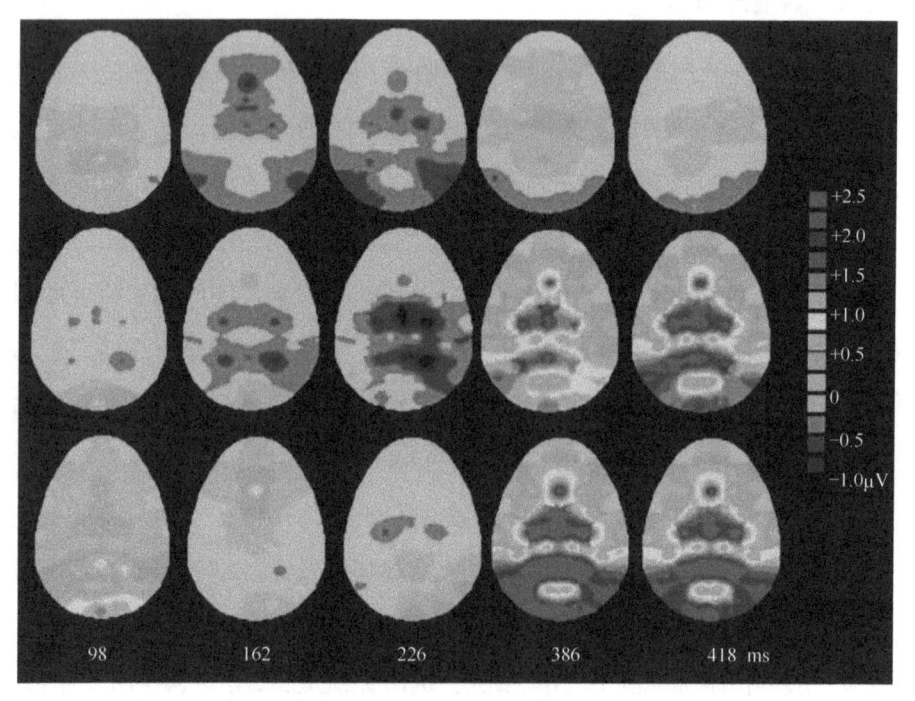

图 1.12　脑地形图（见彩图 1.12）

1.2.4　语言认知的 ERP 成分

20 世纪 60 年代，Sutton 提出了 ERP 的概念，通过平均叠加技术，从头颅表面记录大脑诱发电位来反映认知过程中大脑的神经电生理改变情况。因为 ERP 与认知过程有密切关系，故被认为是"窥视"心理活动的"窗口"。神经电生理技术的发展为研究大脑认知活动过程提供了新的方法和途径。ERP 是一种特殊的脑诱发电位，通过有意地赋予刺激以特殊的心理意义，利用多个或多样刺激引起脑电位。它反映了认知过程中大脑的神经电生理的变化，也被称为认知电位，也就是当人们对某客体进行认知加工时，从头颅表面记录到的脑电位。经典的 ERP 主要成分包括 P1、N1、P2、N2、P3，其中前三种为外源性成分，而后两种为内源性成分。这几种成分的主要特点是：首先，其不仅是大脑单纯生理活动的体现，而且反映了心理活动的某些方面。其次，它们的引出必须要有特殊的刺激安排，而且需要两个以上的刺激或者是刺激的变化。其中 P3 是 ERP 中最受关注的一种内源性成分，也是用于测谎的最主要指标。因此，在某种程度上，P3 就成了 ERP 的代名词。

（1）P300 成分

P300 成分是由 Sutton 等（1965）研究者发现的出现于 300 ms 处左右的正波形，波幅值最高可达 40 μV 左右，一般为 5—20 μV，甚至不经叠加就可以被观测到。顶叶部位波幅最大。P300 是较早发现的脑电成分之一，研究者对其相关的心理因素研究最多，其应用范围也最广。随着研究的不断深入，越来越多的类似成分被找到，潜伏期甚至达到 800 ms 左右。后来，研究者将包含众多子成分的 P300 家族命名为晚正复合体（late positive complex）。最初发现典型的 P300 成分的实验范式是 Oddball 实验，即标准刺激（出现概率大，一般采用 85%的比例）与偏差刺激（出现概率较小，15%左右）进行随机呈现的实验方法。这里的 P300 的波幅在 Pz 点位置附近达到最大值。实验发现，P300 与投入的心理资源（如注意等）是成正比的，而其潜伏期伴随实验难度的增加而加长。这说明，P300 的潜伏期能够反映出刺激物的感知或分类所需时间。Donchin（1981）在实验中还发现，刺激出现的概率越小，所激发的 P300 值越大，说明P300的波幅能够反映背景或工作记忆表征的更新。这是心理学界所普遍接受并支持的假说。

P300家族中另一个常见成分是潜伏期略小于经典P300的P3a。在Oddball实验范式中加入第三种呈现概率更小的刺激时所诱发的正成分，其波幅在额叶位置附近达到最大值。这类新奇刺激，如动物的叫声或乐器的音响声，能够使人体产生朝向反应。因此，P3a也被作为朝向反应产生的标志。相对应的，经典P300由于潜伏期靠后也被称为P3b。关于P3a与P3b的关系，研究者存在着不同的看法，Pritchard（1981）认为它们是同一成分的不同变体，而Donchin和Coles（1988）则认为它们是两种不同的成分。

（2）N400成分

N400成分是语言加工领域研究得最多的成分，由Kutas和Hillyard（1980）在实验中发现。在阅读任务中，当句子末尾的词语和整句语义不匹配时，400 ms处的脑电图上会出现一个明显的负电位，被命名为N400。例如，句子"我喝咖啡时加入了奶油和狗"，句尾处正确的词应该是"糖"或"牛奶"，而"狗"使语义理解出现障碍，从而引发了N400。这也说明，N400的波幅大小与预测性呈反相关，可预测性越大，N400的波幅就越小。此时，右脑的N400波幅大于左脑，持续时间也明显更长，一般认为其脑内源在海马旁回和梭状回处。N400为脑机制研究提供了新的客观指标，研究者的研究重点是其与语义加工的关联性。随后，研究者又发现，词义背离程度越大，产生的N400波幅越大，从而证明了N400确实受到语义相关性的影响。此外，研究者还认为，N400与长时记忆情况下语义信息的提取有关。已被证明的N400子成分至少有4个，脑内源复杂且不同。

除去句尾歧义的情况，单词呈现也可引发N400。实验证明，词义无关的词会比词义相关的词诱发更大的N400波形。视觉呈现时，呈现速度越快，N400 潜伏期越长，分布也更靠近额叶区，表示理解难度与 N400 之间存在联系。此外，不仅视觉通道中会出现 N400，听觉通道中也会出现 N400，最大波幅分布于大脑中部稍稍偏左处。随着年龄的增长，N400 出现的时间会逐渐提前，而年老后又会逐渐推迟，说明语言熟练程度可能对 N400 产生影响。另外，面孔、图画、照片等非文字刺激也可以引发 N400，而乐声并没有此作用。N400 被用以检验语义启动，但研究者对于其与语义表征、单词通达、语义整合、不相关抑制的关系并没有统一的看法。但可以肯定的是，N400 与语义期待密切相关，启动语境的指示与目标词相差越多，N400 的波幅就会越大。

（3）N150/P150 成分

该成分是一个具有相同时间窗口的双极性脑电成分。P150 成分主要分布在头皮相对靠后的枕区，且在右侧的分布较大。重复条件下（目标刺激和启动刺激相同）比在无关条件下（目标刺激和启动刺激没有关系）的 P150 波幅更大一些。在这一时间窗口内，还可以在头皮的前部观察到一个负性成分 N150。虽然将来的研究可能会揭示这两种成分没有相同的产生机制，但就目前的研究数据来看，它们可能反映了相似的行为反应，因此我们将其初步划分为相同的 ERP 成分。最早发现 N150/P150 成分的是关于英语词汇和法语词汇识别的两项研究。此外，N150/P150 成分还反映了启动刺激和目标刺激的重复程度，当目标刺激和启动刺激的每个字母在相同位置重复的时候这种效应最大，说明 N150/P150 成分受字母重复程度调节。

（4）视觉 C1 和 P1 成分

C1 是视觉诱发电位所特有的成分，在头皮后部的中线或两侧波幅最大。由于极性是可变的，该波幅不按普通命名法冠以 P 或 N。C1 发生源位于视觉初级皮质 V1，人类位于距状沟。V1 区对下视野信息进行编码的是距状沟的上部，对上视野信息进行编码的是距状沟的下部。刺激下视野时在头皮距状沟处记录的 C1 是正的，刺激上视野时在头皮距状沟处记录的 C1 是负的。C1 波幅比较小，当刺激落在中视野时通常是波幅更小的正波。C1 波幅比较小，当它是正波时就会与 P1 重合成一个波而被掩盖。因此，除非上视野刺激产生负性 C1 波，否则 C1 通常观察不到。C1 通常在刺激后 40—60 ms 出现，在刺激后 80—100 ms 达到峰顶。C1 对刺激参数，如对比度、空间频率比较敏感（Luck，2005）。视觉刺激引起的 P1 位于 C1 之后，出现于刺激后的 60—90 ms，在刺激后 100—130 ms 达到峰顶，其最大峰位于两侧枕叶电极点。由于与 C1 重叠，P1 的出现时间（始潜时）是很难精确确定的。此外，P1 的潜伏期随着对比度的不同而变化。关于 P1 源定位的研究提示，P1 的早期部分发生在外侧纹状皮质背部，晚期部分发生在梭状回。然而需要注意的是，在视觉刺激出现后的 100 ms 内，至少 30 个视觉区的部位被激活，其中许多都对 C1 和 P1 的电位有贡献。像 C1 一样，P1 对刺激参数比较敏感。P1 与空间注意的方向有关，受被试的觉醒状态影响，但似乎不受其他自上而下的因素影响。

（5）N250 成分

N250 是在 110 ms 开始出现，到 250 ms 达到峰值的负成分，这个成分同样受词汇掩蔽重复启动的影响，目标刺激和启动刺激无关时比目标刺激和启动刺激重复呈现时产生的 N250 更负，被称为 N250 效应。与 N150/P150 成分不同的是，N250 成分具有较广泛的头皮分布，且在头皮的中部和大脑左半球前部具有较大波幅。同样与 N150/P150 成分不同的是，在使用图片和字母材料的研究中没有发现 N250 效应，但是当目标刺激为假词时却能发现 N250 效应。此外，当启动刺激和目标刺激都是字符串的时候，N250 成分将被诱发，当启动刺激是视觉刺激而目标刺激是听觉刺激的时候，则不会产生 N250 效应。N250 成分主要反映启动刺激和目标刺激的正字法重复程度，与完全重复启动相比，当目标刺激稍有改动时，如改变词汇中一个字母，诱发的 N250 波幅稍微大一点

(Holcomb & Grainger，2006）。N250 对启动刺激词汇中字母位置的轻微移动并不敏感（Dufau et al，2008）。这说明，N250 反映了双通道交互激活模型（bi-modal interactive activation model，BIAM）中视网膜特定区域特征字母加工之后的正字法和语音路径的加工过程。这一过程可能涉及字母到整词映射的亚词汇水平的正字法和语音表征。

（6）MMN 成分

失匹配负波（mismatch negativity，MMN），即偏差刺激与标准刺激的差异波中 100—250 ms 的明显的负波。Naatanen 等于 1978 年运用双耳分听的典型实验范式最先报道了失匹配负波，即关注单一耳朵所听到的语音刺激。实验结果表明，无论关注耳朵还是非关注耳朵，偏差刺激（小概率纯音）诱发的负波都比标准刺激（大概率纯音）诱发的更负，因此可运用 MMN 研究人类大脑对语音的感知加工模式。MMN 数据表明，人类大脑中存在这样一种神经群，即该神经群能够编码每种语音中特定不变的声学特征（图 1.13）。

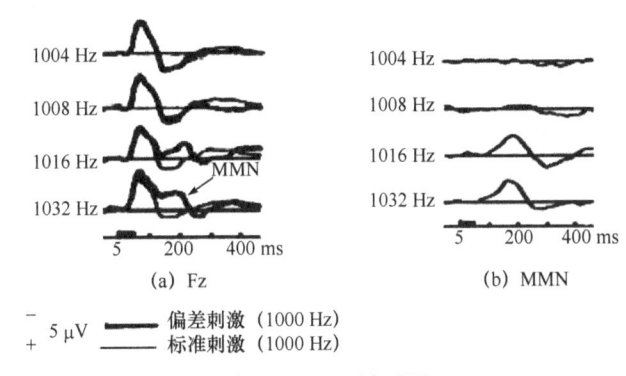

图 1.13 ERP 波形图

注：图（a）是标准刺激（1000 Hz，细线）和偏差刺激（1000 Hz，粗线）在前额（Fz）诱发的 ERP 波形；图（b）是偏差刺激诱发的 ERP 减标准刺激诱发的 ERP 得到的差异波（Sams et al，1985）

由于大脑是在前注意阶段对刺激变化进行感知加工的，所以刺激变化诱发的 MMN 所反映的就是大脑对目标刺激变化的自动加工。如果实验中大脑在前注意阶段对标准刺激和偏差刺激都诱发出了显著的 MMN，则表明大脑能够在无意识状态下自动加工刺激差异,即人脑能够对不同刺激自动地做出不同的反应。

1.2.5 实验范式

实验范式是 ERP 研究工作的重要组成部分。学习 ERP 的实验范式对于进行 ERP 实验设计、理解 ERP 实验结果和进行数据分析都很有帮助。

(1) Oddball 范式

经典的 Oddball 范式是在一项实验中随机呈现同一感觉通道的两种刺激,两种刺激的概率相差很大。大概率者即经常出现者被称为标准刺激,小概率者即偶然出现者被称为偏差刺激。这样,标准刺激就构成了偏差刺激的背景。如果标准刺激与偏差刺激的物理属性相差很小,那么偏差刺激就成了标准刺激的变化,像是经常出现的刺激发生了偏差,"标准刺激"与"偏差刺激"因此得名。如果被试对偏差刺激进行反应,此时偏差刺激就成了靶刺激(target)。在经典 Oddball 范式中,偏差刺激的概率小于 30%,通常为 20% 左右;标准刺激的概率大于 70%,通常为 80% 左右(图 1.14)。Oddball 实验范式应用广泛,是产生 P300、MMN 等与刺激概率差异有关的 ERP 成分的实验范式。

(2) Go-Nogo 范式

标准刺激与偏差刺激之间取消了大、小概率的差别,二者的概率相等。需要被试反应的刺激为 Go 刺激,靶刺激不需被试反应的刺激,为 Nogo 刺激。该范式又称为 Go 与 Nogo 作业。该范式排除了刺激概率对 ERP 的影响,没有大、小概率之分,大大节省了实验时间,这是它的突出优点。但它不能产生因大、小概率差异及其含义所诱发的 ERP 特殊成分,这是它的缺点。我们应根据研究任务选择适宜的实验范式。

第 1 章　认知实验技术及原理

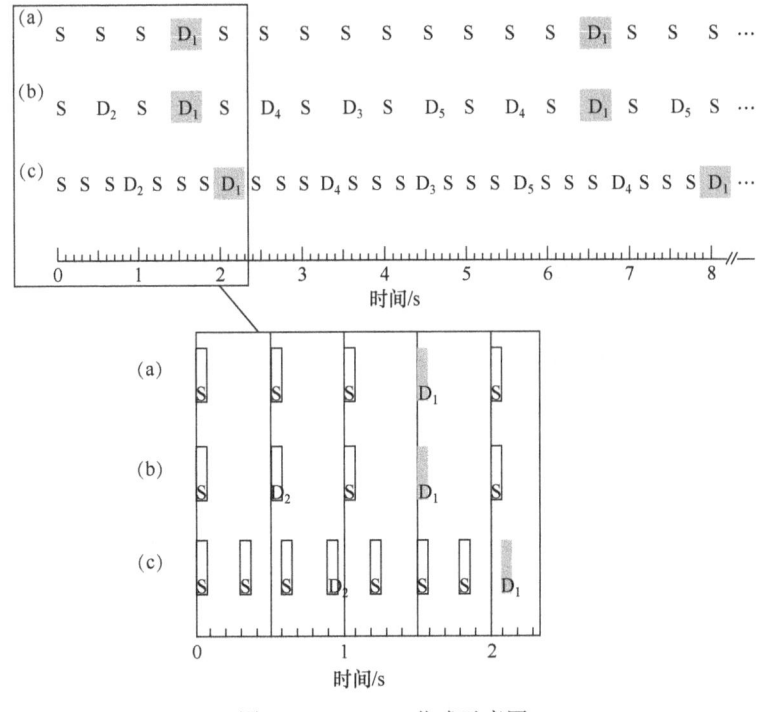

(a) S S S D₁ S　S S S S S S D₁ S S S …
(b) S D₂ S D₁ S　D₄ S D₃ S D₅ S D₄ S D₁ S D₅ S …
(c) S S S D₂ S S S D₁ S　S S S D₄ S S S D₃ S S S D₅ S S S D₄ S S S D₁ S …

0　1　2　3　4　5　6　7　8
时间/s

(a) S S S D₁ S
(b) S D₂ S D₁ S
(c) S S S D₂ S S S D₁

0　　1　　2
时间/s

图 1.14　Oddball 范式示意图

1.3　认知实验中需要注意的问题

认知实验包含三个影响因素：实验者、实验对象、实验方法和手段。这三个要素之间相互作用，构成了一个有机的整体，这个整体就是心理实验系统。这些要素之间的相互作用就是心理实验要素关系。这些要素及其相互作用关系具有三方面的功能：理解实验设计、理解实验结果、促进实验改进。现对三个因素介绍如下。

（1）实验者

在心理实验科学中，实验者指具有一定科学知识、实验技能和操作经验，通过实验探测手段，运用科学思维方法，从事心理现象及其机制研究的探索者。实验者偏好，又称主观偏好、研究偏好或认知偏好，它是实验者对期望结果的倾向性，也被称为观察者倾向性效应。在实验中，实验者会有意或无意地将个人认知偏好引入实验，造成实验偏差。实验者偏好是影响实验的关键因素之一，特别是在准实验研究中，实验结果更多地依赖于实验者的主观经验和判断，其研究偏好的影响更加突出，这为科学地解释心理现象制造了非合理因素。对于实验科学研究，Sackett（1979）总结了实验者的七种偏好，即阅读文献偏好、样本选择偏好、实验设计与操纵偏好、测量偏好、分析数据偏好、数据解释偏好、公布实验结果偏好。心理学研究通常采用两种方式来避免主观偏好对实验带来的影响，即实验平衡技术和提高实验者素质。

当代心理实验的研究方法有很多种，包括心理物理方法、脑电方法、眼动方法等，尤其在认知实验科学领域，多学科的交叉融合十分明显。例如，脑电方法是典型的物理学、信息科学、神经科学、心理学方法的综合使用。这些方法学知识超越了心理学知识范畴，对实验者的知识背景提出了更高要求。只有熟悉和掌握了这些交叉科学方法，实验者才有可能从本质上理解实验结果，促进其对心理学本质的理解。心理学实验研究中所需要的仪器的专业化程度越来越高，要想顺利地进行实验，实验者需要具有良好的专业技能，实验者不仅需要掌握计算机知识、物理学知识、工程技术等，还要具有设计仪器、器材的能力，只有这样才能保障心理学实验有效地开展。这种挑战使心理学实验研究迅速走向交叉和融合，不同学科背景的实验者开展合作，是弥补技术和技能不足的有效方式。

（2）实验对象

实验对象即实验研究对象，是指心理实验者所要认知的对象。它在接受某种刺激后，能产生一定效应，从而显示某些特殊的心理现象或心理效应。如果对这些心理现象或心理效应进行分析，就有可能揭示心理活动的内部机制和规律。

实验被试具有客观性、可控性、复杂性等特点。在实验时，可以对被试和主试实行"盲"控制，让被试和主试不知道被试是属于被试组还是属于实验控制组。有时，还可以将被试信息交由第三方保管，只有在研究结束后才能告知主试。"盲"实验是为了减少偏见和无意识暗示对实验结果产生的影响。

（3）实验方法和手段

实验方法和手段并不局限于具体方案的设计和工具的使用。采用合理的方案进行实验，以获得更加科学、有效的结果和数据，也属于实验方法学探讨的范畴。在自然科学领域，很多重大进展在于实验方法学上的突破。当然，具体的心理实验方法和手段是心理科学研究活动中不可缺少的要素。心理认识活动是否达到预期，在很大程度上取决于实验方法学及具体的实验方法和手段是否适合。科学上的每一次技术进步往往带动实验技术、方法等领域的革新。

（4）心理实验基本探测方式

心理实验的基本探测方式是"黑箱"探测方式，即把一个携带心理实验变量的信号（刺激）输入被试的大脑，诱发大脑对该变量信息的响应，通过测量响应的表现（如行为学指标、生理指标等）获得心理学实验数据，由此分析大脑的加工机制和过程，并建立心理模型。

（5）实验要素之间的关系

实验室实验是可控实验。可控实验涉及的变量包含三类：独立变量、因变量和控制变量。实验室实验的实现方式是使控制变量保持不变，探测独立变量和因变量之间的关系。这种实验可控关系也是实验要素之间的关系。这些控制关系可概括为实验原理、实验方案、控制方法与技术。因此，心理实验的操作过程也是实验者对其他实验要素进行可控探测和观察的过程。

（6）认知实验室的人为因素规范

实验测试需要良好的测试环境，需要排除影响被试测试的因素，主要包括排除与心理测试任务无关的分心物体、被试的筛选和测试系统的人机交互。

与心理测试任务无关的分心物体主要包括以下几个方面。

第一，刺激器附近的分心物体。刺激器是呈现刺激的主要设备，刺激器所占用的空间区域是被试首要的视觉搜索区域。任何可见物体都可能引起被试的视觉搜索，导致其注意力分散。因此，在刺激器呈现目标区域附近，不能出现与心理测试任务无关的物体。

第二，环境噪声。环境噪声是眼动测试中重要的分心来源。环境噪声源包括实验室外的意外或持续噪声、实验室内主试人员诱发的噪声、仪器噪声（电脑风扇噪声等）、排气系统噪声等。因此，眼动实验室内必须做到实验室隔音、排气系统已做消音处理、仪器静音、实验者保持安静。

第三，环境光线。通常，眼动测试采用的刺激器有两种，即 CRT 显示器和 LCD 显示器（液晶显示器）。环境光或其他发光、反光物体的光线在显示器表面发生反射会导致两个结果：①环境光线改变心理刺激的亮度参数，使刺激物理特性发生改变。②非刺激物体经显示器表面形成镜像，导致镜面反射；镜面反射形成的像输入到视觉系统成为分心物体，影响眼动测试。

第四，主试机与被试机分离。一般情况下，眼动仪器的刺激器和主视机分开，即探测器（被试机）和记录机器（主试机）分开。在眼动仪器调试和记录的过程中，被试不能观察到主试机上记录的眼动信号，否则会产生各种心理反馈，从而成为眼动测试的误差来源。因此，必须保证被试不能观察到主试机。一般情况下，要把主试机放置在被试背后的区域，以便主试调试实验仪器，且有利于实验与测量取得最佳效果。

第 2 章
蒙古族大学生蒙古语和汉语阅读知觉广度的眼动研究

　　学者对西方拼音文字较早开始了眼动阅读知觉广度的相关研究,研究成果多且较为全面。而汉语阅读的知觉广度研究起步较晚,有关中文阅读知觉广度方面的探究多是以汉语为母语的读者为实验被试,以少数民族读者为被试的相对较少。由于母语和第二语言之间结构的差异性,以往关于汉语阅读者阅读知觉广度的研究结果并不一定适用于少数民族读者。因此,本书设计了两个关于蒙古族大学生汉语阅读知觉广度的实验,阅读文本分别为横排版和竖排版,研究读者在这两种排版方式下的阅读知觉广度。

　　以往的关于英语知觉广度的研究结果表明,该类文字系统的阅读知觉广度在注视位置左侧 3—4 个字符空间,以及右侧 14—15 个字符空间。蒙古文是拼音文字,属于黏着语,在形态变化上表现出明显的多样性。蒙古文字母随着在词中的位置的不同,写法上会有不同的变体,书写形式也不同于汉语,且书写方向是从上到下,那么它的总体知觉广度是多少，在阅读时又表现出怎样的眼动特征？以上问题值得探讨和研究。本书从言语认知的角度对蒙古语和汉语阅读知觉广度进行研究，直观地揭示阅读两种语言时的眼动特征及认知加工方式，从而探究第二语言阅读理解的机制，推进第二语言教学的改进和完善。通过本项研究，也可探究蒙古族母语阅读加工机制的特点，有助于实现多语者阅读眼动控制模型的完善。

2.1　阅读知觉广度的影响因素

阅读知觉广度的空间是变化的、动态的，很多相关因素都对其有影响。读者的年龄、实验材料的难易程度、工作记忆容量的大小和不同书写系统等都会作用于阅读知觉广度，进而使认知活动更加复杂化。

2.1.1　读者年龄

有研究者从年龄角度出发探究各年龄段被试的阅读知觉广度的大小。实验数据显示，高龄被试的阅读知觉广度比低龄被试的阅读知觉广度空间更大。我国学者以不同年级的学生为被试，对阅读知觉广度问题进行了研究。例如，熊建萍（2007）、闫国利等（2011）均选取不同年龄段的读者作为研究对象，测量他们的阅读知觉广度。研究表明，高龄读者的阅读知觉广度更大，一次注视能够加工的信息更多。还有学者从年龄发展的角度探讨以汉语为第一语言的被试的英语阅读知觉广度，结果显示，高中水平的读者的英语阅读知觉广度大小与大学生读者的英语阅读知觉广度大小较为接近，表明高中水平的读者的英语阅读知觉广度空间与大学生趋于一致。

2.1.2　阅读材料的难度

诸多研究表明，实验材料的难易不同会造成阅读知觉广度界限的变化。在篇章难度增大时，阅读知觉广度便会出现缩小的情况，若当前正在加工的区域内，篇章较难理解时，这一特征则表现得尤为明显，注视点信息难度的加大会导致被试从副中央凹获取的信息减少，在这种情况下，被试把更多的注视资源投注在中央凹区域，这就导致了阅读知觉广度的缩小。如果利用移动窗口技术研究初级读者和高水平读者阅读的知觉广度，会发现文本越难，被试一次注视可获得的信息就越少。Henderson 和 Ferreira（1990）及 White 等（2005）认为，不同水平阅读者的注视资源会被分配到中央凹以及副中央凹这两个不同的区域。一般，阅读水平处在初级阶段的读者需要在中央凹区域投注更多的注视资源，因而分配在副中央凹区域的认知资源就比较少。这也表明，中央凹在理解难度较大的文本时需要更多的注视资源，这样就导致了投注在副中央凹的注意变少，能得到的信息也非常有限。研究者使用边界范式，研究中央凹内加工难度的变化是否会影响阅读知觉广度，得到的结论是：与中央凹加工较容易的内容相比较，当中央凹加工比较困难的内容时，副中央凹所能获取的信息较少。由此可见，中央凹内容加工难度影响了阅读知觉广度的大小，难度越大，阅读知觉广度越小。

2.1.3 工作记忆容量

在对文本进行理解的过程中，工作记忆的优劣起着非常重要的作用。好的工作记忆可以对读者的阅读活动起到促进作用，可以促成高效阅读。相反，工作记忆较差的读者则无法有效地整合已获取的相关信息，从而导致无法快速理解文本。Kennison 和 Clifton（1995）研究表明，被试的工作记忆对副中央凹内信息的获取没有表现出明显的作用，但实验中发现，阅读知觉广度较小的被试投注在预视和注视位置上的时间和资源更多，从而出现了理解较为困难的现象。Osaka（1998）利用移动窗口技术探究了记忆水平不等的被试在读取日语时的阅读知觉广度。实验根据记忆能力设置了高记忆水平组和低记忆水平组，并提取了两组成员阅读日语的眼动指标。实验结果表明，当窗口变得越来越窄时，阅读时间便会逐渐加长。同样，受到窗口减小的影响，高记忆水平组的眼动特征表现较好。

关善玲和闫国利（2007）探究了不同记忆水平被试的眼动行为。实验设置了 5 个可视窗口，被试有高记忆水平和低记忆水平两类。实验结果表明，随着可视窗口的不断变大，如果被试的阅读时间、注视次数及眼跳次数明显减小，阅读速度则变快，眼跳幅度同样表现出更大的跨度。低记忆水平组成员不具备对阅读材料的更好记忆能力，导致其将阅读记忆精力更多地投注在信息保持上，而对整个文本信息融合投注的精力则较为缺乏。与低记忆水平组成员相比，高记忆水平组成员所用的阅读时间较短，也不需要通过更多眼动，如多次注视和眼跳位置来保证阅读活动，能够更深刻地对文本进行解读，并利用已有的储备知识，对整个文本的关键信息进行整合加工，从而实现对文本的深刻理解。

2.1.4　不同书写系统

阅读知觉广度因语言系统、书写符号、排版方式的差别而发生变化。例如，Pollatsek 等（1981）针对希伯来文和英文阅读的知觉广度研究表明，希伯来语（书写方式：从右至左）阅读知觉广度的左边空间比右边空间大，而英语（书写方式：从左至右）阅读知觉广度空间与希伯来文相反，表现为右边空间比左边空间大。这说明，人们能够依照文本符号书写的顺序灵活调整眼动行为，从而满足不断获取新信息的需求。日语阅读知觉广度相关实验结果表明，若组成语言是平假名和日语汉字，那么读者的阅读知觉广度空间较大；若仅由平假名组成语言时，那么读者的阅读知觉广度相对就小。以上这些全面深入的研究表明，一种语言的阅读知觉广度受到其自身特征的制约。

第 2 章 蒙古族大学生蒙古语和汉语阅读知觉广度的眼动研究

2.2 各语言系统阅读知觉广度的研究

2.2.1 拼音文字的阅读知觉广度

西方学者较早进行了英语阅读知觉广度的研究，成果比较丰富，理论相对完善。这些研究者对阅读知觉广度的范围、性质、研究技术、影响因素，以及被试阅读知觉广度的阶段性特征均进行了较为系统的探讨，对英语阅读知觉广度也达成较为一致的结论，即注视点左侧 3—4 个字符空间和注视点右侧 14—15 个字符空间，阅读知觉广度具有不对称性。

西文学者较早采用快速演示的方法，对英语阅读知觉广度进行了测量，得到了英语的阅读知觉广度为 10—20 个字符空间。但由于该方法不太成熟，之后不断有研究者提出质疑。McConkie 和 Rayner（1975）首次利用移动窗口技术，研究被试阅读英语材料的阅读知觉广度，这为以后阅读知觉广度的进一步研究提供了重要的研究方法。但是由于最初的研究者所设定的移动窗口注视点左右呈现的字符数量是一样的，所以从实验结果中无法得知读者从哪一侧所获得的信息更多，因而也就没有发现阅读知觉广度的不对称性。在最初的实验中，McConkie 等在实验中设定了 8 种对称的窗口大小条件，通过对窗口外单词间空格保留与否进行操作，以及对掩蔽符号进行选择来呈现实验材料。结果发现，窗口大小与阅读速度关系密切，窗口变小，阅读速度就会有所降低，但被试的理解率却不受影响。那么，多大的窗口条件会对被试的阅读活动起到影响，结果显示是 30 个字符的窗口条件，这个范围之外的信息被试是看不到的。McConkie 和 Rayner（1976）对阅读知觉广度的对称性进行了研究，他们将注视点左、右呈现的字符数量进行了更改，结果发现英语阅读知觉广度是不对称的，右侧区域比左侧区域大。同时发现，阅读知觉广度右侧的范围是由所能看到的字符数决定的，而不受单词完整性的影响。这表明，被试能够经过副中央凹视觉区获得不完整的单词信息。为了进一步提高阅读知觉广度的准确性，Rayner（1977）在移动窗口技术下，用与之前掩蔽方式相反的中央凹文字信息掩蔽范式对英语阅读知觉广度做了进一步的研究，发现当掩蔽范围是注视点周围的11—17个字符空间时，被试的正常阅读行为几乎是难以进行的，他们仅仅知道在副中央凹之外区域有一些单词或字母串存在，却不能说出所观看到的是什么信息。

英语阅读知觉广度是动态的、变化的，因此许多阅读因素都会引起阅读知觉广度空间的变化。针对上述问题，研究者从多个角度进行了研究，如实验材料的难度和被试年龄。在对不同年龄阶段的被试的阅读知觉广度进行研究时，研究者发现，小学二年级和四年级被试的阅读知觉广度为右侧11个字符空间，小学六年级被试的阅读知觉广度是右侧14个字符空间。实验结果证明，初级阅读者和熟练的阅读者一样，都呈现出阅读知觉广度不对称的特点。Rayner研究了老年人的阅读知觉广度的大小，发现老年人的阅读知觉广度相较于青年人要小很多，不对称性也体现得更为明显，具体范围是当前注视词和注视词右边一个词。

Pollatsek等（1981）考察了希伯来语阅读知觉广度，该文字的书写方向是从右到左，结果发现阅读知觉广度同样显示出不对称性，而且左边空间比右边空间大，相同的被试在英语阅读实验中却是右边空间比左边大。这表明，阅读知觉广度的不对称性会因为眼动预视方向的不同而变化，语言会影响阅读知觉广度。除此之外，还有研究者用移动窗口技术对法语和荷兰语的阅读知觉广度进行了研究，得出的结论与英语基本一致。

日语是一种特殊的文字，它由表意的日语汉字及表音的平假名组成，二者混合使用。Osaka和Osaka（2002）运用移动窗口技术研究了日语的阅读知觉广度，发现日语的阅读知觉广度为注视点左右两侧 6 个字符空间，并在此后进行的一系列相关研究中发现日语的阅读知觉广度同样显示出不对称性，而且实验结果显示，仅由平假名构成的日语文本的阅读知觉广度要比由日语汉字和平假名构成的文本的阅读知觉广度小。除此之外，研究者对不同排版范式的日语的阅读知觉广度进行研究，发现读者阅读竖排版日语时的阅读知觉广度为 5—6 个字符空间。他们还采用中央凹掩蔽范式对日语阅读知觉广度进行了深入的测量和分析，得出在注视点周围 4—6 个字符空间被掩蔽的窗口条件下，被试由于注视到的信息数量有限，因此无法进行正常的认知加工，阅读受到很大的影响。

2.2.2　汉语阅读知觉广度研究

汉语是一种以语素系统为主的表意文字，与英语等拼音文字有很大的不同。沈有乾是最先对汉语阅读知觉广度展开探索的研究者之一，1925年，他和 Miles 利用照相技术记录了读者阅读汉语时的眼动情况，探究了被试一次注视所能看到的汉字数量。该实验的横、竖排材料分别有两篇，研究发现在阅读横排汉语的实验文本时，读者一次注视能看到的字数左右各为 1.9 和 1.8；在阅读横排汉语的实验文本时能看到的字数左右各为 2.1 和 2.5。虽然当时使用的实验技术比较落后，但得出了有关汉语阅读知觉广度最早的研究结论，为之后汉语阅读知觉广度的深入研究奠定了基础。由于眼动追踪技术的日臻成熟，以及眼动仪在心理学领域的广泛使用，汉语阅读眼动研究取得了诸多成果。Inhoff 和 Liu（1998）首次将刺激呈现随眼动变化技术应用于汉语阅读知觉广度的研究中。实验中采用了两种不同的掩蔽材料——简体字和繁体字；设定了多种窗口条件，最小的窗口只显示左右两侧一个汉字，最大的窗口条件为 10 个汉字，注视点左、右两侧呈现的汉字是不对称的。研究表明，汉语阅读知觉广度为注视点左侧 1 个汉字到右侧 3 个汉字的空间，阅读知觉广度具有不对称性。王丽红（2011）从材料呈现的单元角度入手对中文阅读知觉广度影响进行探讨，研究发现，以汉字为呈现单元时，大学生阅读知觉广度为左侧1个汉字到右侧2—3个汉字。若按双字词来显示文本时，大学生阅读知觉广度为左侧1个双字词及右侧1—2个双字词。熊建萍（2007）从发展的角度考察汉语阅读知觉广度，经过研究发现：小学五年级被试的阅读知觉广度为注视点左侧1个汉字到右侧2—3个汉字的空间，初中二年级被试的阅读知觉广度为注视点左侧1—2个汉字到右侧2—3个汉字的空间，高中二年级被试的阅读知觉广度注视点为左侧1—2个汉字到右侧3—4个汉字的空间。闫国利等（2011）以小学五年级学生和大学生为被试，得出小学生五年级被试的汉语阅读知觉广度大约为注视点右侧2个汉字，大学生的汉语阅读知觉广度在注视点右侧3个汉字的范围之内。此外，熊建萍（2014）和乔静芝（2009）研究了听障阅读者的阅读知觉广度，结果显示，听障阅读者的阅读知觉广度为注视点右侧2个或扩展到3个汉字的空间，总体区域为3—4个字，左右不对称，与健听大学生的阅读知觉广度相比要小一些。熊建萍（2014）通过研究阅读障碍儿童的阅读知觉广度，检测到阅读障碍儿童的阅读知觉广度为右侧1—2个汉字，明显小于阅读能力正常儿童的阅读知觉广度，其在整体信息加工上表现出的差异更为显著。

2.3 蒙古族大学生蒙古语阅读知觉广度研究

本部分利用眼动仪，采用阅读知觉广度研究中最常用的移动窗口范式，来研究蒙古族大学生阅读蒙古语时的阅读知觉广度。由于现阶段关于蒙古语阅读知觉广度的研究较少，相关文献资料也鲜有发表，而国内外学者针对英语阅读知觉广度的研究方法则相对成熟，因此本节参考同为拼音文字的英语的阅读知觉广度研究方法进行研究。

第 2 章　蒙古族大学生蒙古语和汉语阅读知觉广度的眼动研究

2.3.1　实验方法

（1）被试

本次实验选取 20 名蒙古族大学生作为被试，男女各 10 名，平均年龄为 22 岁。这 20 名蒙古族被试的母语均为蒙古语，能熟练阅读蒙古语文字，均参加过汉语水平测试，且均为高级水平。所有参加本次实验的被试裸眼视力或矫正视力正常，不存在色盲、色弱，也无阅读障碍，且均不知道实验目的。

（2）实验材料

实验材料为选自内蒙古教育出版社初一蒙古语课本的 50 个句子，选取的句子长度为 10—11 个蒙古语词。筛选材料时随机选取 20 位母语均为蒙古语的蒙古族被试对这 50 个蒙古语句子的难易程度进行评定，从"很简单"到"很难"共有 5 个等级。在填问卷的同时，被试标出他们不认识的词。共收回 20 份问卷，筛选出答案完全相同及存在较多遗漏答案的问卷，最后得到 18 份有效问卷。删掉问卷中不认识的词和短语，剔除较难理解的句子，进行审核及修改，最终选择语句通顺、容易理解的 29 个蒙古语句子作为实验材料，其中包括 24 句正式实验材料和 5 个练习句。

掩蔽材料的选择。以往有关于英语阅读知觉广度的实验中，通常用"×"作为掩蔽材料。参考以往实验所选取的掩蔽材料，3 个实验同样选取"×"为遮挡符号。"×"简洁且不具有任何意义，对正常阅读行为的影响较小。

在英语研究中，实验材料呈现时有特定的字体可以使每个字母都等宽等长，但在蒙古语中没有这种字体。为了减小实验文本处理带来的误差，使结果更准确，笔者将实验材料中的每个蒙古语字母调整为 28×10 像素，电脑显示器中每次呈现一个蒙古语句子，材料以白底黑字呈现。

可视窗口的设定。本次实验为单因素被试内设计，窗口呈现大小为自变量，参考以往英语阅读视觉广度实验的结论，本次实验共设定了 6 种窗口条件，分别是 C（整行条件，即句子全部呈现）、C2、C4、C8、C12、C14（图 2.1）。C2、C4、C8、C12、C14 分别表示在注视点上方和下方呈现 2、4、8、12、14 个字符。窗口可视范围是对称分布的，窗口总呈现的字符分别为 5、9、17、25、29 个字符。

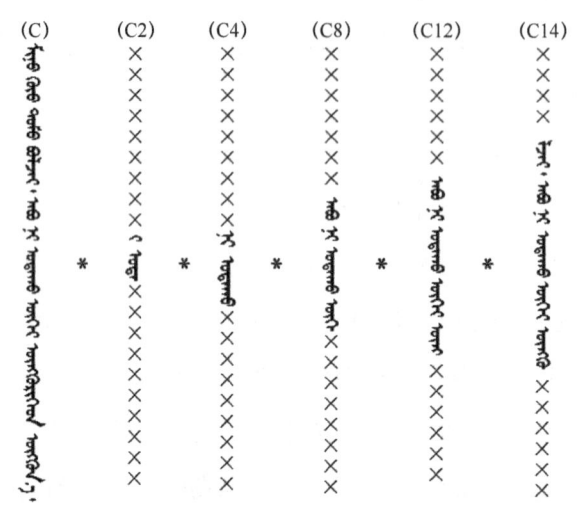

图 2.1　6 种可视窗口示意图

（3）实验仪器

实验仪器包括两台与眼动仪相连接的计算机，一台用于主试操作，另一台用来向被试呈现阅读内容。测试托架用于固定被试头部，以获得更高的测试精度。该眼动仪可以实时准确地采集相关数据，实现高精度的眼动全程监控。采集到的大量数据囊括了多个被试及诸多相关实验数据，可以导出多种形状的眼动轨迹直观图，仪器所采集到的数据可以用标准的文件格式输出，以便实验后进行分析。在正式实验中，读者眼睛与呈现文本材料的显示器之间的距离是 90 cm。

（4）实验程序

实验程序由主试一一操作。被试进入实验室后，主试对实验的基本

第 2 章　蒙古族大学生蒙古语和汉语阅读知觉广度的眼动研究

流程和期间可能出现的问题以及注意事项进行解说，待被试了解之后，主试坐在眼动仪前，调整下颌托的高度到适当位置，以避免出现因实验中被试移动而形成不准确数据或数据记录中断的现象。然后主试准备眼动仪的校准工作。校准成功之后便可以正式进入实验环节。首先屏幕上出现的是有关如何操作的指导语（图 2.2）。

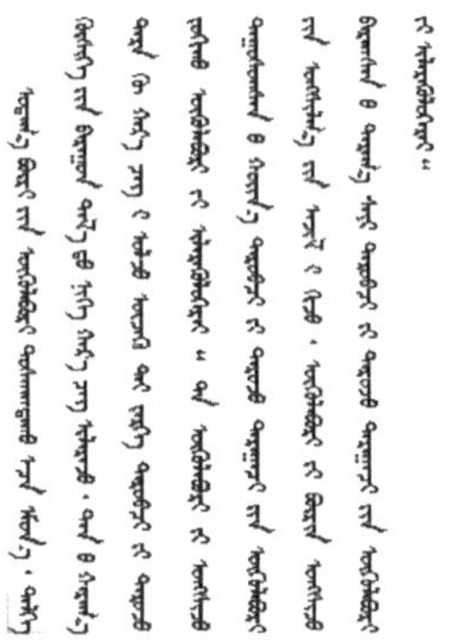

图 2.2　实验指导语

在正式实验材料呈现前会先进行练习活动，以便让被试更加清楚阅读流程。实验中有 24 个蒙古语句子，6 种窗口条件，每种限制条件下都备有 4 个句子，运用拉丁方设计来使句子均衡分布，这 24 个句子出现的先后顺序保持不变，这样就有 6 种不一样的观看次序。实验中，呈现 10 个句子后有简单的判断及选择题，这样通过答案可以检验被试有没有仔细观看文本材料。被试完成本次实验共耗时约 15 min。

2.3.2　数据整理、指标分析和统计方法

（1）数据整理

在正式提取分析数据前剔除不合理的数据。首先，剔除实验中练习句的数据；其次，剔除过程中没有被观看的文本及眼动轨迹杂乱的数据。一般认为，注视时间不足 50 ms 的阅读行为是无效的，被试无法从中获取有用的阅读信息，而注视时间超过 1500 ms 的阅读行为，多数是由仪

器出现故障问题或是被试没有认真进行实验而导致的，因此最后将阅读时间超过 1500 ms 及不足 50 ms 的极端数据剔除。

（2）指标分析

结合以往关于阅读知觉广度的研究，本次实验选取了注视次数、总注视时间、平均注视时间、阅读速度、眼跳幅度 5 个具有代表性的眼动指标。

注视次数指被试注视整个实验文本的次数，通过阅读中的眼动仪记录的注视点的个数来计算。人们获取信息主要来源于直接注视，不同的文本材料注视的次数存在较大差异。总注视时间指被试对在整个视觉范围内各种注视时间的总值，它体现了对该区域全部信息融合的时间。平均注视时间指被试注意分配到每一个注视位置上的平均时间，这一指标说明了被试对文本精细加工的区域，即在这个范围中，被试可以获得相对精细的阅读信息。阅读速度指被试在一定单位时间内能够看到多少内容，即全部的阅读字数与全部阅读时间之比。在检测阅读水平过程中，阅读速度作为一项最基本的指标在测试中起着重要作用，一般以每分钟多少字计算。阅读中眼睛要不停地移动以获得更多的信息，眼睛从当前正在注视的位置移动到下一个注视位置时中间所跨的范围就是眼跳幅度。如果被试眼跳跨度较大，那么对于文本的观看次数就少，表明被试阅读理解的速度较快。本次实验只考虑阅读方向一致的眼跳幅度，即蒙古语阅读中采用向下眼跳幅度指标；竖排汉语阅读中采用向下眼跳幅度指标；横排汉语阅读中采用向右眼跳幅度指标，对于蒙古语阅读和竖排汉语阅读不采用向上眼跳幅度指标，横排汉语阅读不采用向左眼跳幅度指标。

（3）统计方法

首先运用 SPSS 软件分析提取到 5 个眼动指标的数据。将窗口大小当作被试内变量，将本次实验中 5 个眼动指标作为被试内重复测量的方差计算，来确定 6 种限制条件之间有没有差异。窗口限制差异达到统计显著水平时，再将各不同窗口做配对比较。为确定蒙古族被试母语蒙古语的阅读知觉广度，需进行以下 2 项配对分析。将 C14 和 C 两窗口做对比，以检测实验中选取的最大窗口 C14 的有效性，结果被试在这一窗口条件下的眼动和正常阅读行为一样不受阻碍；确定蒙古语阅读知觉广度的总体范围，在最大窗口设置有效性基础上做以下配对比较：以这一条件为基准，将 5 字条件 C2 窗口、9 字条件 C4 窗口、17 字条件 C8 窗口、25 字条件 C12 窗口分别与 C 窗口进行配对比较,配对结果首次呈无显著差异的最小窗口条件就是蒙古族被试的蒙古语阅读知觉广度。

2.3.3 实验结果与分析

（1）被试在不同窗口条件下眼动指标的平均值和标准差

首先计算出注视次数、总注视时间、平均注视时间、阅读速度、向下眼跳幅度 5 个眼动指标在 C2、C4、C8、C12、C14 和 C 这 6 种窗口限制下的平均值和标准差（表 2.1）。

表 2.1 被试在不同窗口条件下眼动指标的平均值和标准差

窗口条件	注视次数/次	总注视时间/ms	平均注视时间/ms	阅读速度/（词/min）	向下眼跳幅度/（°）
C2	29.94（14.39）	9633.87（1383.07）	314.6（58.63）	71.49（25.61）	1.35（0.7）
C4	20.71（8.57）	5677.40（1307.15）	263.57（52.77）	117.65（39.05）	1.7（0.6）
C8	18.60（7.76）	4543.57（1054.89）	243.36（37.41）	139.05（45.38）	1.99（0.64）
C12	17.96（7.34）	4289.11（823.85）	241.98（37.89）	145.46（49.55）	2.18（0.8）
C14	17.57（6.19）	4293.63（901.08）	243.7（36.52）	149.33（55.2）	2.25（0.79）
C	17.63（8.0）	4212.10（687.02）	237.38（37.29）	149.76（52.5）	2.23（0.86）

注：表中数据小括号外为平均值，小括号内为标准差。以下此类同

实验中设置的不同窗口条件对于阅读指标的影响是不同的，此即窗口主效应。对蒙古族大学生蒙古语阅读的 5 个眼动指标上的窗口限制效应做方差分析，结果为：注视次数 $F(5, 40)=38.29$，$p<0.01$；总注视时间 $F(5, 40)=56.10$，$p<0.01$；平均注视时间 $F(5, 40)=59.58$，$p<0.01$；阅读速度 $F(5, 40)=52.15$，$p<0.01$；向下眼跳幅度 $F(5, 40)=70.75$，

$p<0.01$。

从上述结果可得，本次实验的 5 个眼动指标在 6 个窗口条件下存在显著的窗口限制效应。从表 2.1 中的数据可知，在可视窗口增大过程中，被试在蒙古语句子阅读中的平均注视时间及总注视时间均呈现出逐渐缩短的趋势，而且可视窗口的变大也使被试向下眼跳幅度增大及阅读速度加快。

（2）被试母语的阅读知觉广度

为确定被试母语的阅读知觉广度需要进行 2 种比较：一是确定实验中最大窗口（C14）设置的有效性，将 C14 与 C 进行配对比较，以确定实验中设定的最大窗口没有阻碍正常阅读；二是确定蒙古族学生蒙古语的总体阅读知觉广度（表 2.2）。

表 2.2 C14 窗口和 C 窗口在 5 个眼动指标上的配对比较

类别	注视次数/次	总注视时间/ms	平均注视时间/ms	阅读速度/（词/min）	向下眼跳幅度/（°）
t	0.627	0.56	1.46	0.29	1.79
p	0.53	0.61	0.19	0.76	0.09

从表 2.2 可以看出，在 5 个配对指标上，$p>0.05$，从而可以确定本次实验设定的最大窗口 C14，即 29 个字符的窗口条件与没有窗口限制的整行条件 C 下的阅读活动不存在差异，在最大窗口 C14 条件下，被试的阅读活动不受影响，本次实验中阅读的最大窗口的设置是有效的。

为确定被试母语阅读知觉广度，笔者又进行了一次比较，结果如表 2.3 所示。统计分析结果表明，C2 窗口条件下的阅读指标与 C 窗口下的眼动指标差异，达到了统计学显著水平，$p<0.01$。当窗口条件增大到 C8 时，注视次数、平均注视时间、阅读速度和总注视时间 4 个眼动指标与整行条件一致，达到了基准水平，而向下眼跳幅度没有达到基准水平。当窗口增大到注视点上下各 12 个字符，即 25 字窗口时，注视次数、平均注视时间、总注视时间、阅读速度和向下眼跳幅度均达到了整行阅读时的基准水平，但没有达到统计学显著水平。

第 2 章　蒙古族大学生蒙古语和汉语阅读知觉广度的眼动研究

表 2.3　各窗口条件和整行条件在 5 个眼动指标上的配对比较

窗口条件	类别	注视次数/次	总注视时间/ms	平均注视时间/ms	阅读速度/（词/min）	向下眼跳幅度/（°）
C2 vs.C	t	9.19	10.68	11.99	−8.99	−11.72
	p	0.00	0.00	0.00	0.00	0.00
C4 vs.C	t	2.9	3.43	4.73	−4.04	−8.05
	p	0.02	0.01	0.00	0.00	0.00
C8 vs.C	t	1.25	1.34	1.47	−1.352	−4.99
	p	0.27	0.22	0.19	0.194	0.01
C12 vs.C	t	0.68	0.807	1.07	−1.26	0.84
	p	0.59	0.45	0.30	0.23	0.4

2.3.4　小结

方差分析结果显示，实验中不同窗口条件对被试的眼动指标所产生的影响是不同的，表现为明显的窗口限制效应，这同样说明副中央凹内被试获取的信息对阅读活动会产生影响。随着窗口的不断增大，注视次数逐渐减小、平均注视时间和总注视时间逐渐缩短，阅读速度则不断提高，向下眼跳幅度增大。在对各窗口条件与 C 的配对比较中，当窗口条件增大到 C8 时，注视次数、平均注视时间、总注视时间以及阅读速度 4 个眼动指标与 C 一致，达到了基准水平。当窗口是 C12 时，注视次数、平均注视时间、总注视时间和阅读速度，以及向下眼跳幅度 5 个眼动指标均达到了整行阅读时的基准水平。从这些实验眼动指标可得出蒙古族大学生蒙古语阅读的下方知觉广度为 8—12 个字符空间。但向下眼跳幅度指标在窗口增大到注视点上下各 12 个字符，即在 25 字符窗口时，才达到整行基准水平，向下眼跳幅度支持更大的阅读知觉广度空间。从向下眼跳幅度这一指标上可以推测，蒙古族大学生蒙古语阅读知觉广度可能达到注视点下方 12 个字符空间。

在有关阅读知觉广度的眼动研究中，眼跳幅度这一眼动指标是衡量被试知觉广度的一个非常重要的指标，进行阅读时，被试眼跳幅度比较大说明注视句子的次数较少，同时也反映出对文本的理解速度较快。因此，本次实验中的眼跳幅度对于确定蒙古族大学生蒙古语阅读知觉广度具有较为重要的参考价值。从本次实验的 5 个眼动指标的总体分析配对结果可以得到，蒙古族大学生蒙古语阅读知觉广度的总体范围是注视点下方 8—12 个蒙古语字符空间，且在向下眼跳幅度上趋向于有更大的阅读知觉广度。

2.4　蒙古族大学生竖排汉语阅读知觉广度研究

本部分仍然采用移动窗口范式来研究蒙古族大学生阅读与蒙古语排版方式一致的竖排汉语的阅读知觉广度。在材料的选择方面，本次实验中呈现给被试阅读的实验材料是竖排汉语句子。实验材料为选自人民教育出版社初一语文课本的 50 个句子，选取的句子的长度为 16—17 个汉字。

2.4.1　材料的筛选

随机选取 20 位母语均为蒙古语的蒙古族学生对 50 个汉语句子进行难易程度的评定，从"很简单"到"很难"，共分 5 个等级。在评定难度时，标出他们不认识的词，删掉问卷中存在的不认识的词及句子，然后根据评定结果删掉难度大的句子。最终经过审核及修改，选择语句通顺、无歧义、容易理解的 37 个汉语句子作为实验材料（包括正式实验材料 32 句和 5 个练习句）。关于实验材料的呈现，本次实验中竖排汉语的字体选用书本印刷常用的宋体字，字的大小为二号字，文本颜色为黑色。

可视窗口的设定。本次实验共设定 8 种窗口条件，即 A0（无预视条件）、D1、D2、D3、D4、U1D4、U2D4 和 A（整行条件）（图 2.3）。无预视条件即仅呈现被试观看时正在阅读的那一个汉字；D1、D2、D3、D4 分别为在注视位置下方呈现 1—4 个汉字，形成 2 字、3 字、4 字、5

(A)	(A0)	(D1)	(D2)	(D3)	(D4)	(U1D4)	(U2D4)
这	×	×	×	×	×	×	×
篇	×	×	×	×	×	×	×
文	×	×	×	×	×	×	×
章	×	×	×	×	×	×	×
表	×	×	×	×	×	×	×
达	×	×	×	×	×	×	达
了	×	×	×	×	×	了	了
群	群	群	群	群	群	群	群
众	×	众	众	众	众	众	众
对	×	×	对	对	对	对	对
总	×	×	×	总	总	总	总
理	×	×	×	×	理	理	理
的	×	×	×	×	×	×	×
敬	×	×	×	×	×	×	×
爱	×	×	×	×	×	×	×
之	×	×	×	×	×	×	×
情	×	×	×	×	×	×	×

图 2.3　8 种可视窗口示意图

字窗口大小；U1D4、U2D4 分别对应于当前注视位置上方显示 1 个汉字和 2 个汉字，而下方均有 4 个汉字可见，形成 6 字、7 字窗口条件；A 即句子完全显示，不做窗口限制条件，句子的长度就是窗口的大小。

2.4.2　统计方法

对实验数据进行整理，将眼动轨迹中断以及注视点混乱的数据删除。运用 SPSS 软件分析提取到的 5 个眼动指标数据，将窗口大小作为被试内变量，对本次实验中 5 个眼动指标作被试内重复测量的方差分析，来确定这 8 种限制条件之间有没有差异。窗口限制效应显著时，再对各不同窗口做配对比较。为确定蒙古族被试竖版汉语阅读知觉广度，需进行两项配对分析：将最大窗口 U2D4 和 A 这两窗口做对比，以检测实验中选取的最大窗口 U2D4 的有效性，结果被试在这一窗口条件下的眼动和正常阅读行为一样不受阻碍。同时，确定竖排汉语阅读知觉广度上方的范围，主要包括两个方面：首先，以 D4 为基准，对 U1D4 和 D4 进行配对比较，从而得知被试能不能通过注视点上方的 1 个汉字得到信息；其次，以 U1D4 为基准，对 U1D4 和 U2D4 进行配对比较，以确定被试能不能从注视位置上方的第 2 个汉字获取信息。推测被试下方阅读知觉广度空间，以 D4，也就是下方最大窗口为基准条件，再将它逐个与其他不同的下方窗口 D1、D2、D3 条件进行配对比较，配对结果首次呈无显著差异的最小窗口条件就是蒙古族学生的竖排汉语阅读知觉广度。

2.4.3 实验结果与分析

（1）被试在不同窗口条件下的眼动指标的平均值和标准差

首先计算出注视次数、总注视时间、平均注视时间、阅读速度、向下眼跳幅度 5 个眼动指标，在 A0、D1、D2、D3、D4、U1D4、U2D4 和 A 8 种不同窗口条件下的平均值和标准差（表 2.4）。

表 2.4 被试在不同窗口条件下的眼动指标的平均值和标准差

窗口条件	注视次数/次	总注视时间/ms	平均注视时间/ms	阅读速度/（词/min）	向下眼跳幅度/（°）
A0	21.25（4.7）	9046.94（2124.57）	365.15（63.29）	113.9（46.36）	1.51（0.40）
D1	15.85（4.32）	5298.70（1567.8）	276.64（35.95）	222.5（65.09）	1.58（0.34）
D2	13.98（4.7）	4577.78（1542.82）	263.37（43.16）	271.5（71.3）	1.81（0.25）
D3	13.21（3.66）	4391.16（1304.44）	261.26（34.9）	298.67（84.32）	2.06（0.29）
D4	12.95（3.69）	4279.76（1288.83）	263.42（30.93）	302.1（85.28）	2.13（0.39）
U1D4	12.36（3.76）	4056.56（1473.07）	249.87（38.58）	324.41（87.69）	2.24（0.42）
U2D4	12.15（3.89）	3945.44（2798.67）	246.53（32.86）	329.34（80.31）	2.36（0.48）
A	12.43（3.84）	4011.08（1373.16）	245.94（34.93）	321.36（72.22）	2.32（0.47）

对被试竖排汉语阅读的 5 个眼动指标上的窗口限制效应做方差分析，结果为：注视次数 $F(7, 56) = 53.42$，$p<0.01$；总注视时间 $F(7, 56) = 89.69$，$p<0.01$；平均注视时间 $F(7, 56) = 78.34$，$p<0.01$；阅读速度 $F(7, 56) = 49.54$，$p<0.01$；向下眼跳幅度 $F(7, 56) = 49.72$，$p<0.01$。

从上述结果中可得，本次实验的 5 个眼动指标在 8 个窗口条件下均存在显著的窗口限制效应。从表 2.4 可以看出，随着可视窗口的增大，被试阅读的平均注视时间和总注视时间逐渐缩短,而向下眼跳幅度则在增大,且阅读速度加快。

(2)被试竖排汉语阅读知觉广度

确定被试竖排汉语阅读知觉广度需要进行两种比较:一是确定实验中最大窗口 U2D4 设置的有效性,对 U2D4 与 A 进行配对比较,以确定实验中设定的最大窗口没有影响到正常的阅读行为;二是确定被试竖排汉语阅读知觉广度(表 2.5)。

表 2.5 U2D4 和 A 在 5 个眼动指标上的配对比较

类别	注视次数/次	总注视时间/ms	平均注视时间/ms	阅读速度/(词/min)	向下眼跳幅度/(°)
t	−0.29	−0.10	−0.23	0.73	−1.06
p	0.642	0.875	0.61	0.42	0.15

从表 2.5 中可以看出,在 5 个配对指标上,$p>0.05$,从而可以确定本次实验设定的最大窗口 U2D4,即上方 2 个汉字和下方 4 个汉字的窗口条件与没有窗口限制的整行条件下的阅读活动不存在差异,在最大窗口 U2D4 条件下,被试的阅读活动不受影响,也就是说本次实验中阅读的最大窗口的设置是有效的。

为确定被试竖排汉语阅读知觉广度,笔者又进行了第二类比较,以确定被试的上方阅读知觉广度,结果如表 2.6 所示,在 U1D4 和 D4 的配对比较中,注视次数($t=3.07$,$p<0.05$)、平均注视时间($t=2.17$,$p<0.05$)、总注视时间($t=2.53$,$p<0.05$)、阅读速度($t=-2.51$,$p<0.05$)和向下眼跳幅度($t=-2.64$,$p<0.05$)这 5 个眼动指标均达到了统计学显著水平。在 U1D4 和 U2D4 配对比较中,注视次数($t=0.13$,$p>0.05$)、平均注视时间($t=0.14$,$p>0.05$)、总注视时间($t=0.92$,$p>0.05$)、阅读速度($t=-0.38$,$p>0.05$)和向下眼跳幅度($t=-1.09$,$p>0.05$)这 5 个眼动指标上均没有达到统计学显著水平,说明被试在注视点上方 2 个汉字和下方 4 个汉字的窗口条件下,与上方 1 个汉字和下方 4 个汉字的窗口条件下的阅读指标不存在显著差异,即被试无法从注视点上方的第 2 个字上提取有效信息。

确定被试下方的阅读知觉广度时,在 A0 与 D4 的配对比较中,注视次数($t=11.98$,$p<0.01$)、平均注视时间($t=9.4$,$p<0.01$)、总注视时间($t=14.16$,$p<0.01$)、阅读速度($t=10.47$,$p<0.01$)和向下眼跳幅度($t=6.79$,$p<0.01$)这 5 个眼动指标均达到了统计学显著水平。在 D1 与 D4 的配对比较中,注视次数($t=3.92$,$p<0.05$)、平均注视时间($t=2.48$,$p<0.05$)、总注视时间($t=3.12$,$p<0.05$)、阅读速度($t=-5.46$,$p<0.05$)和向下眼跳幅度($t=-5.54$,$p<0.05$)这 5 个眼动指标均达到了统计学显著水平。在 D2 和 D4 的配对比较中,注视次数($t=1.49$,$p>0.05$)、平均注视时间($t=-0.33$,$p>0.05$)、总注视时间($t=1.51$,$p>0.05$)、阅读速度($t=-1.31$,$p>0.05$)这 4 个眼动指标均没有达到统计学显著水平。而向下眼跳幅度在 D3 与 D4 的配对比较中达到了基准水平,此时实验中的 5 个眼动指标都没有达到统计学显著水平,与阅读整行文本时的基准水平一致。

表 2.6 各窗口条件和整行条件在 5 个眼动指标上的配对比较

窗口条件	类别	注视次数/次	总注视时间/ms	平均注视时间/ms	阅读速度/(词/min)	向下眼跳幅度/(°)
U1D4 vs.D4	t	3.07	2.53	2.17	−2.51	−2.64
	p	0.01	0.02	0.04	0.02	0.019
U1D4 vs.U2D4	t	0.13	0.92	0.14	−0.38	−1.09
	p	0.91	0.24	0.8	0.54	0.16
D4 vs.A0	t	11.98	14.16	9.4	10.47	6.79
	p	0.00	0.00	0.00	0.00	0.00
D4 vs.D1	t	3.92	3.12	2.48	−5.46	−5.54
	p	0.00	0.01	0.02	0.00	0.00
D4 vs.D2	t	1.49	1.51	−0.33	−1.31	−2.2
	p	0.08	0.06	0.56	0.13	0.025
D4 vs.D3	t	0.34	0.61	0.18	−0.75	−1.03
	p	0.55	0.36	0.71	0.3	0.17

2.4.4 小结

方差分析结果显示，实验中 8 种窗口条件对被试的眼动指标所产生的影响是不同的，表现为明显的阅读限制效应，同样也说明了副中央凹预视效应会对被试的阅读活动产生影响。随着窗口的不断增大，注视次数逐渐减少、平均注视时间和总注视时间逐渐缩短，阅读速度则不断提高，向下眼跳幅度增大。在确定被试阅读竖排汉语时上方阅读知觉广度的范围时，U1D4 与 D4 的配对比较结果显示存在显著差异，这说明被试可以从注视点上方的 1 个汉字上获取信息。以 U1D4 为基准，配对比较 U1D4 与 U2D4，结果显示不存在显著差异，即这两个窗口条件下的阅读没有达到统计学显著水平，可以确定被试无法从注视点上方的第 2 个汉字上获取有效的文本信息。在确定被试的下方阅读知觉广度时，以 D4 为基准条件，即下方最大窗口条件，将其分别与其他不同的下方窗口条件进行配对比较，结果显示，D1 与 D4 存在显著性差异；在 D2 与 D4 的配对比较中，有 4 个眼动指标没有达到统计学显著水平，只有向下眼跳幅度表现出显著差异；在 D3 和 D4 的配对比较中，5 个眼动指标全部没有达到统计学显著水平，与正常的文本阅读行为一致。从向下眼跳幅度这一指标上看，被试可能能够从注视点下方的第 3 个汉字上提取到有助于阅读理解的信息。综合这 5 个眼动指标在不同窗口条件下的配对比较可推出，蒙古族大学生的竖排汉语阅读知觉广度为注视点上方 1 个汉字到下方 2—3 个汉字。

2.5 蒙古族大学生横排汉语阅读知觉广度研究

本部分采用移动窗口范式，研究被试横排汉语的阅读知觉广度。被试材料的选择、材料的筛选、掩蔽材料的选择、实验材料的呈现等同被试竖排汉语阅读知觉广度研究一致。

2.5.1 实验设计及数据处理

（1）可视窗口的设定

本次实验共设定 8 种窗口条件，即 R0（无预视条件）、R1、R2、R3、R4、L1R4、L2R4 和 R（整行条件）（图 2.4）。无预视条件为仅当前被直接注视的汉字可见；R1、R2、R3、R4 分别为注视汉字及右侧呈现 1—4 个汉字可见；L1R4、L2R4 分别对应于注视汉字左侧呈现 1—2 个汉字可见，而右侧均 4 个汉字可见；R 即句子全部呈现，不对句子进行掩蔽。

```
这篇文章表达了群众对总理的敬爱之情。      (R)
×××××××群××××××××。           (R0)
×××××××群众×××××××。           (R1)
×××××××群众对××××××。           (R2)
××××××群众对总××××××。          (R3)
××××××群众对总理×××××。          (R4)
××××××了群众对总理×××××。        (L1R4)
×××××达了群众对总理×××××。        (L2R4)
```

图 2.4 8 种可视窗口示意图

（2）数据整理、指标分析和统计方法

运用 SPSS 软件分析对采集到的数据进行分析。将窗口大小作为被试内变量，对本次实验中 5 个眼动指标做被试内重复测量的方差分析，来确定这 8 种限制条件之间有没有差异。窗口限制效应呈统计学显著水平时，再将各不同窗口做配对比较。为确定被试的横排汉语阅读知觉广度，将本次实验设定的 L2R4 与 R 相比较，以确定实验中设定的 L2R4 的有效性。

判定被试的左侧阅读知觉广度主要涵盖两个方面：首先，以 R4 为基准，对 L1R4 与 R4 进行配对比较，用来判断被试提取的信息是否来源于注视点左侧的 1 个汉字；其次，以 1LR4 为基准，对 L1R4 与 L2R4 进行配对比较，从而判断被试是否通过注视点左侧的第 2 个汉字获得信息。判定被试右侧的阅读知觉广度，以 R4 为基准条件，即右侧最大窗口条件，再将它逐个与其他不同的右侧窗口条件进行配对比较，结果为不存在显著差异时的最小右侧窗口的大小，即被试横排汉语阅读知觉广度的右侧范围。

2.5.2　实验结果与分析

（1）被试在不同窗口条件下的眼动指标的平均值和标准差

首先计算出注视次数、总注视时间、平均注视时间、阅读速度、向右眼跳幅度这 5 个眼动指标在 R0、R1、R2、R3、R4、L1R4、L2R4 和 R 8 种不同窗口条件下的平均值和标准差（表 2.7）。

表 2.7　被试在不同窗口条件下的眼动指标的平均值和标准差

窗口条件	注视次数/次	总注视时间/ms	平均注视时间/ms	阅读速度/（词/min）	向右眼跳幅度/（°）
R0	23.79（6.0）	10117.42（2655.94）	279.15（56.29）	202（40）	1.23（0.34）
R1	17.08（5.10）	5713.75（1946.49）	237.14（63.45）	215.4（71.47）	1.4（0.24）
R2	15.56（5.92）	4997.75（2323.83）	276.37（63.16）	265.15（88.63）	1.63（0.25）
R3	15.40（5.54）	4937.3（1854.47）	334.78（62.40）	280.17（86.32）	1.76（0.35）
R4	14.96（5.16）	4797.68（1984.7）	286.42（59.93）	279.62（81.78）	1.81（0.38）
L1R4	13.56（3.94）	4330.06（1909.43）	283.87（57.58）	289.91（109.39）	1.89（0.37）
L2R4	13.66（5.04）	4234.14（1679.55）	293.53（56.86）	291.84（96.81）	1.94（0.49）
R	13.59（4.43）	4124.15（1496.2）	278.44（47.93）	286.86（93.72）	1.98（0.43）

对被试横排汉语阅读的 5 个眼动指标的窗口限制效应做方差分析，结果为：注视次数 $F(7, 56) = 22.71$，$p<0.01$；总注视时间 $F(7, 56) = 40.58$，$p<0.01$；平均注视时间 $F(7, 56) = 47.51$，$p<0.01$；阅读速度 $F(7, 56) = 16.39$，$p<0.01$；向右眼跳幅度 $F(7, 56) = 18.46$，$p<0.01$。

从上述结果可得，本次实验的 5 个眼动指标在 8 个窗口条件下均存在显著的窗口限制效应。从表 2.7 可以看出，随着可视窗口的增大，被试阅读的平均注视时间和总注视时间逐渐缩短，而向右眼跳幅度则在增大，且阅读速度加快。

（2）被试横排汉语阅读的知觉广度

确定被试的横排汉语阅读知觉广度需要进行两种比较：一是确定实验中最大窗口（L2R4）设置的有效性，对 L2R4 与 R 进行配对比较，以确定实验中设定的最大窗口没有阻碍正常阅读；二是确定被试横排汉语的阅读知觉广度（表 2.8）。

表 2.8　L2R4 和 R 在 5 个眼动指标上的配对比较

类别	注视次数/次	总注视时间/ms	平均注视时间/ms	阅读速度/（词/min）	向右眼跳幅度/(°)
t	−0.57	1.27	−0.24	0.86	0.43
p	0.59	0.54	0.43	0.35	0.69

从表 2.8 可以看出，在五个配对指标上，$p>0.05$，从而可以确定本次实验设定的最大窗口 L2R4，即左侧 2 个汉字和右侧 4 个汉字的窗口条件与没有窗口限制的整行条件下的阅读活动不存在差异，在最大窗口 L2R4 条件下，被试正常的阅读活动不受影响。

为确定被试横排汉语阅读的知觉广度，笔者又进行了第二类比较，以确定被试左侧的阅读知觉广度，结果如表 2.9 所示。在 L1R4 和 R4 配对比较中，注视次数（$t=3.12$，$p<0.05$）、平均注视时间（$t=-2.34$，$p<0.05$）、总注视时间（$t=1.89$，$p<0.05$）、阅读速度（$t=-2.41$，$p<0.05$）和向右眼跳幅度（$t=-2.01$，$p<0.05$）这 5 个眼动指标均达到了统计学显著水平。在 L1R4 和 L2R4 配对比较中，注视次数（$t=0.39$，$p>0.05$）、平均注视时间（$t=0.16$，$p>0.05$）、总注视时间（$t=1.33$，$p>0.05$）、阅读速度（$t=-0.42$，$p>0.05$）和向右眼跳幅度（$t=-1.2$，$p>0.05$）这 5 个眼动指标均没有达到统计学显著水平，说明被试在注视

第 2 章 蒙古族大学生蒙古语和汉语阅读知觉广度的眼动研究

点左侧 2 个汉字和右侧 4 个汉字的窗口条件,与左侧 1 个汉字和右侧 4 个汉字的窗口条件相比,阅读指标不存在显著差异,即被试无法从注视点左侧的第 2 个字上获取有效的信息。

表 2.9 各窗口条件下 5 个眼动指标的配对比较

窗口条件	类别	注视次数/次	总注视时间/ms	平均注视时间/ms	阅读速度/(词/min)	向右眼跳幅度/(°)
L1R4 vs. R4	t	3.12	1.89	−2.34	−2.41	−2.01
	p	0.01	0.04	0.038	0.03	0.04
L1R4 vs. L2R4	t	0.39	1.33	0.16	−0.42	−1.2
	p	0.69	0.14	0.75	0.65	0.19
R4 vs. R0	t	12.14	8.5	8.34	−6.34	−6.56
	p	0.00	0.00	0.00	0.00	0.00
R4 vs. R1	t	3.91	2.52	2.38	−2.82	−4.43
	p	0.01	0.024	0.032	0.02	0.00
R4 vs. R2	t	1.69	0.49	−0.42	−0.4	−2.21
	p	0.13	0.65	0.66	0.68	0.04
R4 vs. R3	t	1.02	0.74	−0.82	−0.56	−0.72
	p	0.25	0.38	0.35	0.47	0.46

在确定被试右侧的阅读知觉广度时,在 R0 与 R4 配对比较中,注视次数($t=12.14$,$p<0.01$)、平均注视时间($t=8.34$,$p<0.01$)、总注视时间($t=8.5$,$p<0.01$)、阅读速度($t=-6.34$,$p<0.01$)和向右眼跳幅度($t=-6.56$,$p<0.01$)这 5 个眼动指标均达到了统计学显著水平。在 R1 与 R4 配对比较中,注视次数($t=3.91$,$p<0.05$)、平均注视时间($t=2.38$,$p<0.05$)、总注视时间($t=2.52$,$p<0.05$)、阅读速度($t=-2.82$,$p<0.05$)和向右眼跳幅度($t=-4.43$,$p<0.05$)这 5 个眼动指标均达到了统计学显著水平。在 R2 和 R4 配对比较中,注视次数($t=1.69$,$p>0.05$)、平均注视时间($t=-0.42$,$p>0.05$)、总注视时间($t=0.49$,$p>0.05$)、阅读速度($t=-0.4$,$p>0.05$)这 4 个眼动指标均没有达到统计学显著水平。在 R3 和 R4 配对比较中,向右眼跳幅度($t=-0.72$,$p>0.05$)仅达到整行条件阅读的基准水平。

2.5.3 小结

方差分析结果显示，实验中 8 种窗口条件对被试的眼动指标所产生的影响是不同的，显示出明显的窗口限制效应，同样也说明阅读活动中存在副中央凹预视效应。随着窗口的不断增大，注视次数逐渐减少、平均注视时间和总注视时间逐渐缩短，阅读速度则不断提高，向右眼跳幅度增大。在确定被试的左侧阅读知觉广度时，进行 L1R4 与 R4 配对比较，结果显示存在显著差异，这说明被试可以从注视点左侧 1 个汉字上获取信息。以 L1R4 为基准，配对比较 L1R4 与 L2R4，结果显示不存在显著差异，即被试无法从注视点左侧的第 2 个汉字获取信息。在确定被试右侧阅读知觉广度范围时，以 R4 为基准条件，即右侧最大窗口条件，将其分别与不同的右侧窗口条件进行配对比较，结果显示，R1 与 R4 存在显著性差异，在 R2 与 R4 的配对比较中有 4 个眼动指标均没有达到统计学显著水平。在 R3 和 R4 的配对比较中，5 个眼动指标均没有达到统计学显著水平。从这 5 个眼动指标在不同窗口条件下的配对比较中可推出，被试的横排汉语阅读知觉广度为注视位置左边 1 个汉字至右边 2—3 个汉字。

2.6 讨 论

本章采用眼动记录法，运用移动窗口技术测量蒙古族大学生的蒙古语阅读和横竖排汉语阅读知觉广度。从研究结果来看，窗口主效应明显，不同窗口会对注视次数、平均注视时间、总注视时间、阅读速度和向下眼跳幅度产生不同的影响。随着实验窗口可视范围的不断增大，总体阅读的眼动指标也在不断提高，当窗口增大到被试一次注视所能加工到的最大信息的范围时，注视次数、平均注视时间、总注视时间、阅读速度和向右眼跳幅度与没有窗口条件限制下的指标值不存在显著差异，这时

第 2 章 蒙古族大学生蒙古语和汉语阅读知觉广度的眼动研究

的窗口条件就是被试的阅读知觉广度。本章研究包括三个实验：实验一，测量蒙古族大学生蒙古语阅读知觉广度，是在上下对称的窗口下进行的，只测得下方的阅读知觉广度，所以得到的结果是蒙古族大学生蒙古语阅读知觉广度是下方 8—12 个蒙古语字符空间；实验二，测量蒙古族大学生竖排汉语阅读知觉广度，得到的结果是蒙古族大学生竖排汉语阅读知觉广度为注视位置上方 1 个汉字至下方 2—3 个汉字字符空间；实验三，测量蒙古族大学生横排汉语阅读知觉广度，得到的结果是蒙古族大学生的横排汉语阅读知觉广度是从注视位置左边 1 个汉字至右边 2—3 个汉字字符空间。

2.6.1 蒙古族大学生蒙古语阅读知觉广度

本章第三节的实验结果表明，蒙古族大学生的蒙古语阅读知觉广度是下方 8—12 个蒙古语字符空间，向下眼跳幅度支持更大的阅读知觉广度空间。

在不同窗口条件下，被试阅读的眼动指标都显示出明显的窗口限制效应。蒙古族大学生在阅读蒙古语时，当窗口条件增大到下方 12 个字符时，被试的阅读眼动指标与整行条件下的眼动指标没有显著差异，表明被试在超过 12 个字符的窗口条件下进行空间阅读时，超过了副中央凹所能加工信息的范围，被试无法从更大的窗口范围获得阅读信息，阅读眼动指标与没有窗口限制的眼动指标趋于一致。当被试在上下各两个字符的窗口条件下阅读时，各眼动指标与没有窗口限制条件下的阅读指标存在显著差异，表现为阅读时间长、向下眼跳幅度小，被试正常的阅读活动受到严重影响，这充分证明了副中央凹加工理论。

2.6.2 蒙古族大学生竖排汉语阅读知觉广度

本章第四节的实验测量了蒙古族大学生的竖排汉语阅读知觉广度，得到的结果是蒙古族大学生的竖排汉语阅读知觉广度从注视位置上方 1

个汉字至下方 2—3 个汉字字符空间。在竖排排版方式下，通过对各窗口条件下眼动指标进行方差分析，发现每个眼动指标的窗口限制效应显著。随着实验呈现的窗口可视范围的不断增大，注视次数不断减少、平均注视时间和总注视时间表现为不断缩短，阅读速度和向下眼跳幅度则不断增大。当窗口增大到被试知觉广度之外时，正常的阅读活动便不再受到影响，各项眼动指标与没有窗口条件限制的指标趋于一致。在窗口条件为当前注视字时，被试阅读的各项眼动指标与正常阅读的眼动指标表现出明显的差异，阅读活动受到严重阻碍，处在副中央凹的信息无法得到加工，因而影响了各项眼动指标。这一实验结果也支持了 Morrison 的眼动理论模型，注视第 N 个字的时候，第 N + 1 个字已经被副中央凹做了加工，当再次寻找注视点时，就会略过第 N + 1 个字。本章实验中在注视点下方 4 个汉字和注视点下方 4 个汉字上方 1 个汉字的两种窗口条件下，被试各项眼动指标差异显著，表明被试可以从注视点上方 1 个汉字上获取信息，这也证明了副中央凹的作用，支持了副中央凹理论，即注视点上方 1 个汉字处在副中央凹内，一次注视可以加工到这个汉字。

2.6.3　蒙古族大学生横排汉语阅读知觉广度

本章第五节的实验测量了蒙古族大学生横排汉语阅读知觉广度，得到的结果是蒙古族大学生横排汉语阅读知觉广度大致是从当前注视位置左边 1 个汉字至右边 2—3 个汉字字符空间。首先对各窗口条件下眼动指标进行方差分析，检验窗口限制效应，结果显示窗口主效应显著。实验呈现的窗口可视区域由 1 个字到 7 个字不断增大，注视次数不断减少、平均注视时间和总注视时间不断缩短，阅读速度加快和向右眼跳幅度则不断增大。随着窗口的不断增大，窗口可视区域的大小对被试的阅读活动所产生的干扰逐渐减小，当窗口可视区域增大到一定大小时，被试正常的阅读活动便不再受到影响，各项眼动指标与没有窗口条件限制的指标趋于一致。当被试在窗口条件为当前注视字这一实验条件下进行阅读活动时，被试阅读的各项眼动指标与正常阅读的眼动指标表现出明显的差异，句子阅读时间明显变长，向右眼跳幅度减小，阅读活动受到严重阻碍，处在副中央凹的信息无法得到加工，因而影响了各项眼动指标。随着窗口可视区域不断增大，注视时间不断缩短注视次数不断减少，阅读速度加快、向右眼跳幅度增大。在注视点右侧 4 个汉字左侧 1 个汉字的窗口条件下，被试各项眼动指标表现为左侧有汉字的窗口条件优于左侧没有信息的窗口条件的各项眼动指标，表明被试可以从注视点左侧 1 个汉字上获取信息，这也证明了副中央凹的作用。

2.6.4 蒙古族大学生横竖排汉语阅读知觉广度的对比分析

从本章第四节和第五节的实验结果可以看出，蒙古族大学生的阅读横排和竖排汉语知觉广度没有大的差别。实验数据表明，不管是哪种排版方式，其阅读知觉广度都是注视点上方（左侧）1 个汉字到下方（右侧）2—3 个汉字字符空间。但从具体的眼动指标上看，不同排版方式的汉语的被试阅读行为有几方面值得注意。被试阅读竖排版的汉语的眼动模式与阅读蒙古语的眼动模式非常相似。在竖排汉语阅读中注视时间这一眼动指标与横排汉语阅读的注视时间存在差异，表现为竖排阅读的注视时间短于横排阅读的注视时间，竖排汉语阅读速度大于横排汉语阅读速度；竖排版汉语阅读的眼跳幅度数值大于横排版汉语材料阅读的眼跳幅度。从注视时间、阅读速度和眼跳幅度这 3 个眼动指标上看，蒙古族大学生阅读竖排版汉语的阅读效果要优于横排版汉语材料的阅读。

以往的以汉语为母语的阅读者在阅读不同排版方式的汉语时，表现为横排汉语阅读效果优于竖排版汉语，横排版阅读效率大于竖排阅读效率，这与阅读习惯及有意识的阅读训练有关。本章实验关于蒙古族大学生阅读竖排版汉语的研究结果表明,竖排的阅读眼动指标优于横排汉语阅读的眼动指标,这主要是因为竖排版的方式与蒙古语的排版方式方向一致,所以本章实验以蒙古语为母语的被试从小习惯了蒙古语自上而下的排版方式,在阅读竖排版汉语时呈现出了较好的阅读眼动指标。

2.6.5 蒙古族大学生母语和第二语言阅读知觉广度的对比分析

阅读活动涉及不同层次的认知加工,从字词的识别到句子的理解,再到语篇意义的构建,各个加工过程之间相互依赖,往往一些不完整的加工过程会影响到更高层次的认知加工,进而影响整个阅读活动。例如,语篇中的一个单词或一个词语没有被识别时,就无法和句子整合在一起,进而影响整个语篇前后内容的连接。本章中的蒙古族被试认为,因为从小学习蒙古语,对蒙古语非常熟悉,在词汇和句子层面的加工往往不会耗费他们太多的认知资源。而对于作为第二语言的汉语来说,他们在阅读中则会出现不同的问题。目前,有关第二语言阅读理解的研究结果显示,浅层次的加工,如词汇提取和句法加工都依赖于读者的语言水平。在第二语言理解中词汇提取的过程和句法加工的过程比母语理解中要耗费更多资源,需要投入更多的资源来进行阅读活动。两种语言的阅读认知加工水平存在差异,读者的语言水平是影响阅读理解的一个关键因素。句子句义等信息的获取依赖于读者的语言知识,只有具备一定的词汇和语法等语言知识,才能更好地进行阅读。相较于母语阅读推理加工的过程,蒙古族被试的汉语阅读加工过程更为复杂。

母语为英语的阅读者的英语阅读知觉广度为注视点左侧 3—4 个到右侧 14—15 个字符空间。蒙古语与英语相似,都是拼音文字,单词由字母组成。本书选取的被试是母语为蒙古语的大学生,其熟练掌握蒙古语,就研究结果看来,蒙古语母语者蒙古语阅读的知觉广度小于英语母语者英语阅读知觉广度。原因主要是蒙古语字母词首词尾写法与英语有所不

第2章 蒙古族大学生蒙古语和汉语阅读知觉广度的眼动研究

同，字母连写的特征突出，相比英语来说，连写多和变形多，读者需要投入更多的注意资源来获取单词信息，在中央凹区域投入的认知资源较多，导致副中央凹能够加工到的信息较少，阅读知觉广度整体较小。实验发现，虽然蒙古族大学生被试的母语为蒙古语，但是在阅读横排汉语时，蒙古族大学生在阅读刚开始时倾向上下阅读，这是因为每一次注视点总是呈现在左侧，于是被试在阅读过程中也慢慢适应了从左往右的方向。因而实验的最终结果仍然是右侧大于左侧，即横排汉语阅读知觉广度为注视点左侧1个汉字到右侧2—3个汉字字符空间。实验中，材料呈现1个汉字字符空间相当于3个蒙古语字符空间，那么大致可认为蒙古族大学生蒙古语阅读知觉广度是注视点下方2.7—4个汉字字符空间，与蒙古族大学生被试汉语的阅读知觉广度相比，蒙古语的阅读知觉广度要更大，即母语阅读知觉广度要大于第二语言阅读知觉广度。

汉语和蒙古语属于不同的语言系统。汉语是一种相对复杂的文字系统。汉字是由一组笔画构成的规则的方块形文字，多由直或横的笔画排列组合而成，汉字不仅传达着确切的语义内容，同时许多汉字如象形字也展示了众多图形特征。汉字有三层结构，首先是最小的单位符号笔画，其次是由笔画组成的部件，最后是由部件组成的汉字。书写中不论是笔画还是笔画构成的部件，在组成汉字时都放在一起，形成一个新的正方形汉字，多个部件或笔画叠加起来，这也充分体现了汉字结构密集这一特性。汉字具有较强的表意功能，部件对于汉字的整体意义有着独特而重要的作用，没有形音对应或形音转换的规则。汉字的形音是不对应的，在汉语通用字表中形声字占80%，声旁与汉字读音完全规则的仅占30%。汉语的语素绝大部分是单音节的，语素和语素可以组合成词，有的语素可以单独成词，而有的语素本身不是词，只能跟别的语素组合成复合词。词汇大部分为多词素词，每个多词素词由多个词素组成，从而使每个汉字又呈现出独特的含义。就拼音文字来说，绝大多数的文字系统可以通过形音规则拼出。汉字和蒙古语字母符号不是等量的符号单位，蒙古语中由字母符号构成的词才能和汉语的单位对等，汉语中的词可由一个或者多个汉字组合而成，有的单字可独立成词，还有的单字可和其他汉字构成合成词。中文的词可以包含一个或者一个以上的汉字，在文法中并没有特殊的词界标志，而在蒙古语的书写中，词间存在空格，这一差异导致在阅读中文时需要进行词的切分，因此在对汉语文本资料进行认知和加工的这一活动中，需要消耗阅读者更多的认识资源。拼音文字与汉字不同，它是由长度不同的字串由上到下或由左到右或由右到左组成的，拼音文字的结构单位对应的是语音的基本元素，而汉语的结构单位所对应的是意义的基本元素。这些都造成了蒙古族被试在加工汉语时一次所能够加工的信息较蒙古语少，导致蒙古族大学生第二语言汉语阅读知觉广度比其在阅读蒙古语时的知觉广度要小。

第3章
蒙古族大学生蒙古语、汉语词汇识别的眼动研究

　　词汇识别过程中形状信息和语音信息的作用一直是近几年研究的热点,如今有三种比较有影响力的理论——语音中介理论、直通理论和双通道理论。语音中介理论认为,音、形、义在词汇识别中激活的顺序不同,词义的通达是通过语音的自动激活而实现的,语音对词义的通达起到重要的中介作用;直通理论认为,词义的通达是由字形激活的,语音的激活在最后,也就是一个附加的过程;双通道理论认为,激活顺序为形—音—义的语音中介理论和激活顺序为形—义的直通理论都存在。但学界对语音信息和形状信息在词汇识别中的作用仍存在争论,这是由研究者所设计的实验任务、研究方法及考虑的因素不同而导致的。多数研究者以汉语和英语作为实验材料进行研究,结果表明,在拼音文字的阅读中,语义主要通过语音中介激活,即在获取语义的过程中语音起到了至关重要的作用。而汉语词汇的识别进程中通达语义是通过字形来获取的。但对少数民族学生识别母语和二语词汇的研究较少,如蒙古语作为

拼音文字之一，在词汇识别中蒙古语语义的激活是否通过语音路径、蒙古族大学生进行二语词汇识别时是支持语音中介理论还是支持直通理论、二语词汇识别是否受母语影响等问题都具有一定的讨论价值。

　　本章将通过三个实验来考察语音信息和形状信息对蒙古语和汉语词汇识别的影响。汉语对蒙古族大学生来说是第二语言，对汉族大学生来说是母语，由此，研究识别母语和二语时的认知差异，来揭示汉语词汇的听觉识别特点。实验一，以蒙古族大学生为被试，采用听和看两种不同的启动方式，以蒙古语单字为实验材料，考察蒙古族大学生识别蒙古语（母语）单字时，字音、字形、字义不同种类单字的激活情况，以及语音信息和形状信息在词汇识别中的作用。实验二，在实验一的基础上，更换实验材料，以汉语单字为实验材料，考察蒙古族大学生识别汉语（二语）单字时，字音、字形、字义不同种类单字的激活情况，以及语音信息和形状信息在词汇识别中的作用。实验三，作为参照对象，以汉族大学生为被试，汉语单字为实验材料，考察汉族大学生识别汉语（母语）单字时，字音、字形、字义的激活情况，以及语音信息和形状信息在词汇识别中的作用。最后对比分析不同语言文字的识别差异，来探讨蒙古族大学生在识别母语和二语时是支持直通理论、语音中介理论，还是支持双通道理论，识别单字时是否受母语和文字类型影响等问题。

　　本书在前人研究的基础上，通过蒙古族大学生在听和看两种不同的刺激方式下，对与目标字相对应的音、形、义单字做出反应，从而研究语音信息和形状信息在词汇识别中的作用，揭示蒙古族大学生识别二语时，语义是通过什么来激活及获取的，从而对学生的心理活动进行精细分析。蒙古语作为拼音文字之一，在词汇识别中蒙古语语义的激活是否通过语音路径、蒙古族大学生二语词汇识别时是支持语音中介理论还是支持直通理论、二语识别中是否受母语的影响等问题均具有一定的讨论价值。本书以看和听两种不同的启动方式，也就是在语音刺激和视觉刺激两种不同的启动方式下,来研究蒙古族大学生和汉族大学生单字识别的认知差异及蒙古族大学生识别二语时的认知模型,从而了解蒙古族大学生认知的理论假设:①蒙古族大学生识别母语单字时,语音信息在词汇识别的早期和晚期加工中都起到了重要的中介作用,拼音文字的实验结果支持语音中介理论;②蒙古族大学生识别汉语(二语)词汇时,语音信息在词汇识别的早期和晚期加工中都起到了重要的中介作用,支持语音中介理论;③汉族大学生识别汉语(母语)单字时,形状信息在词汇识别的早期和晚期加工中都起到了重要作用,表意文字的实验结果支持直通理论。

3.1 文 字 类 型

3.1.1 汉语文字特征

据研究者估测,世界上有数千种文字,但大致可以分为两类,即拼音文字和非拼音文字,如英语、蒙古语的文字都是典型的拼音文字,而汉语是表意文字。汉字是目前世界上最早的文字之一,也是使用人数最多的文字。大量考古发现证明,汉字已有6000年以上的历史。文字是一个国家与一个民族传承与创新的基础,是一个文明最重要的文化符号和象征,汉字与别的文字相比是属于不同类型的文字符号,具有悠久的文字发展历史。作为独特的表意文字,汉字具有特殊的形体构造——以义构形,以形索义,既具有象形性,又兼具高度抽象的符号功能。与拼音文字相比,汉字具有独特的文字特性。

汉字是表意文字,它最显著且区别于其他文字的特性是字形和字义的联系非常密切,具有明显的表意性,其表意性使汉字成为单位字符信息量最大的文字。汉字的书写单位为字,在书面上字与字之间的间隙是完全等距的,但词与词之间没有明显的界限,汉字有字距而没有词距。

在汉字中，音、形、义之间的关系比较复杂，汉字的音和形之间没有显著的对应关系，在汉语词汇中，形声字占很大比例，通过形旁可以联想到汉字的意义，具有显著的形、义相互对应关系，字形表示意义的特征明显。因此，一些研究表明，汉字的字义通达更符合直通理论。正因为汉字书写中没有词距，依赖一定的语境才有能确定语义，因此，对于蒙古族大学生来说，短时间内识别汉字比较困难。

3.1.2 蒙古语文字特征

蒙古语属于阿尔泰语系的蒙古语族，是我国蒙古族人所使用的主要语言，主要分布在内蒙古、辽宁、甘肃、青海、新疆等地。内蒙古自治区呼伦贝尔的鄂温克族、鄂伦春族、达斡尔族等少数民族也使用蒙古语。蒙古语文字源于13世纪初的回鹘文（也称畏兀儿文），回鹘式蒙古文经过800多年的发展，成为今天"现代蒙古文"（包力高，道尔基，1984）。蒙古文字母数量由最初的19个演变成31个，其中元音字母7个（表3.1），辅音字母24个。

表3.1 蒙古语的7个元音字母及在不同位置的书写格式

项目	[a]	[ə]	[i]	[ɔ]	[ʊ]	[o]	[u]
原形							
词首							
词中							
词尾							

蒙古文属于音素文字，其特性与英语、俄语等拼音文字的特性是一致的。但是与其他拼音文字还是有很大的差异，如英文词的每个字母之

第 3 章　蒙古族大学生蒙古语、汉语词汇识别的眼动研究

间都有明显的间隔，但蒙古语是一个字代表一个词，词的每个字母之间没有间隔，是从上而下连写的（图 3.1），且蒙古文的每个字基本上都有 3 种变体（表 3.1），因此在书写蒙古文字时，每个不同位置上书写的字母形式也不同，具有相对应的书写变体，类似于书写英语人名或地名时第一个字母要大写一样，因此蒙古文字的书写更为烦琐一些。所以学习蒙古语书、写蒙古语文字时，必须掌握好书写过程中发生的变体形式，字母的书写格式要受位置、前后字母、阴阳性等特点的影响。蒙古文有一部分"形同实不同"的字母。蒙古语属于黏着语。蒙古语的语法功能是由词根添加不同的词缀来实现的，如在一个词里，开头若是紧元音，后面连接的也都是紧元音，如果是松元音开头的，后面也必须都用松元音。蒙古文的一个词里不能混合使用松、紧元音。蒙古语文字和汉语文字存在很大的差异，即蒙古语为拼音文字，汉语是表意文字，蒙古语文字是音素文字，而汉语文字是语素文字。

"叶子"整词　　　　"叶子"拆分字

图 3.1　蒙古语词汇和字母举例

3.2　语音信息和形状信息对蒙古族大学生蒙古语单字识别的影响

本次实验主要是在不同的启动方式下，探讨蒙古族大学生识别蒙古语（母语）单字时，与目标字相对应的字音、字形、字义和无关字 4 个竞争字的激活情况，以及语音信息和形状信息在词汇识别中的作用。

3.2.1 实验方法

（1）被试

选择 30 名蒙古族大学生（男 15 名，女 15 名）作为被试，所有被试都是在使用蒙古语的家庭环境中长大的，且母语均为蒙古语。他们在小学三年级开始学习汉语拼音字母，上大学后所有被试均参加过汉语普通话水平测试，等级为二级水平。所有被试的裸眼视力和矫正视力均在 1.0 以上，无色盲、色弱。没有听力障碍。

（2）实验设计及设备

本次实验采用单字识别任务，两因素被试内设计：一个因素是启动方式，有 2 种，听单字启动方式和看单字启动方式；另一个因素是竞争字的类型，分为 4 种，即音同字、形似字、义近字和无关字。使用德国 SMI 公司的 Hi-Speed 眼动仪对实验进行监控，运用 iView X 软件、Experiment Center 软件和 BeGaze 软件记录实验过程中的眼动数据和提取分析眼动的各项数据。

（3）实验材料

在内蒙古人民出版社出版的《蒙古语词典》中选取 30 个单字作为目标字，再选择与这 30 个目标字相匹配的 4 种关系的竞争字（共计 120 个），分别为语音相同字（与目标字音相同）、形状相似字（与目标字形相似）、语义相近字（与目标字义相近）及无关字（与目标字没有任何关系）。实验材料从启动方式上为听蒙古语单字（15 个）和看蒙古语单字（15 个），与两种启动方式相匹配的 4 种竞争字分布在 5×5 的矩阵格子里，用图像处理软件 PhotoShop 制作成 800×600 像素的 bmp 格式文件，然后呈现在显示器屏幕上。例如，听到的目标字是"aləg"，相对应的视觉呈现字为音相同字"aləx"、形相似字"alə:g"、义相近字"ərən"、无关字"məŋx"。正式实验中，矩阵格子里的边框都不出现。

第3章 蒙古族大学生蒙古语、汉语词汇识别的眼动研究

（4）实验程序

本次实验在专业眼动实验室里进行，实验室的隔音效果非常好，实验室里安装了多个节能灯，照明效果良好，室内温度适当，适合被试做实验。本次实验由一台计算机控制和记录眼动指标，刺激物呈现在显示器中央。被试进入实验室后，坐在离显示器约 100 cm 的位置，调整好坐姿。被试将下巴放在眼动仪的托架上，额头贴住眼动仪的上缘，注视显示器上呈现的 9 个矫正点，大于 1.0 时则重新校准，矫正效果小于 1.0 时，可以继续做实验。

实验分为两组进行，第一组是以听蒙古语单字为启动方式。指导语为："实验开始后，首先显示器上将会显示一个'+'号，随后从耳麦里你就会听到一个蒙古语单字，同时显示器屏幕上会出现与目标字相匹配的 4 个竞争字，你可以在屏幕上自由扫视，并通过空格键结束浏览。这时可以直接进入下一序列，一共 15 个序列。"第二组是以看蒙古语单字为启动方式。指导语为："一会儿，显示器上将会显示一个'+'号，首先显示器屏幕上会出现一个蒙古语单字，随后显示器屏幕上会出现与目标字相匹配的 4 个竞争字，你可以在屏幕上自由扫视，并通过空格键结束扫视。这时可以直接进入下一个序列，一共 15 个序列。"正式实验之前，让被试对此次实验有足够的练习和一定的了解，确保被试能够理解。

3.2.2 结论与分析

由眼动仪自带的 iView X 软件和 Experiment Center 软件记录实验的眼动数据和提取分析各项数据。

（1）兴趣区的划分

将与目标字相对应的音同字、形似字、义近字和无关字 4 个竞争字划分在一个等同的兴趣区域，即把 4 个竞争字设计在 5×5 格子的 7、9、17、19 的位置上。

（2）眼动分析指标的选取

选取的眼动分析指标有首次注视点的持续时间、总阅读时间、注视次数。首次注视点的持续时间简称首视时间，是指进入当前兴趣区内第一个注视点的持续时间；总阅读时间指当前兴趣内所有注视点的持续时间总和；注视次数是进入当前兴趣内所有注视点的个数。

（3）原始数据的处理

数据处理标准为：删除注视时间小于 80 ms 及大于 1000 ms 的原始数据，共占整个数据的 2.2%。再删除数据中 3 个标准差之外的数据，占第一步删除之后数据的 2%。其余数据进入最后的统计分析。

（4）眼动数据统计分析结果

用 SPSS 19.0 对实验中以听蒙古语单字为启动方式下，蒙古族大学生识别与目标字相关的蒙古语音同字、形似字、义近字和无关字 4 个竞争字时的眼动分析指标进行统计分析（表 3.2）。对首视时间进行分析发现，蒙古族大学生识别蒙古语单字时，音同字的首视时间效应极显著（$F = 8.481$，$p < 0.001$）；义近字的首视时间效应极显著（$F = 9.167$，$p = 0.001$）；形似字的首视时间效应达到统计学显著水平（$F = 9.535$，$p = 0.039 < 0.05$）；无关字的首视时间效应不显著（$F < 1$，$p = 0.425 > 0.05$）。对总阅读时间进行分析发现，音同字的总阅读时间效应极显著（$F = 12.127$，$p < 0.001$）；义近字的总阅读时间效应极显著（$F = 14.787$，$p < 0.001$）；形似字的总阅读时间效应也达到统计学显著水平（$F = 11.740$，$p < 0.001$）；无关字的总阅读时间效应不显著（$F < 1$，$p = 0.529 > 0.005$）。对注视次数进行分析发现，音同字的注视次数效应极显著（$F = 9.568$，$p < 0.001$）；义近字的注视次数效应极显著（$F = 10.027$，$p < 0.001$）；形似字的注视次数效应达到统计学显著水平（$F = 9.746$，$p = 0.025 < 0.05$）；无关字的注视次数效应不显著（$F < 1$，$p = 0.328 > 0.05$）。

第3章 蒙古族大学生蒙古语、汉语词汇识别的眼动研究

表3.2 首视时间、总阅读时间及注视次数的平均值和标准差

启动方式：听蒙古语单字	首视时间/ms		总阅读时间/ms		注视次数/次	
	M	SD	M	SD	M	SD
音同字	396.020	43.551	520.255	42.99	1.904	0.094
形似字	458.025	52.803	592.020	48.080	2.311	0.120
义近字	423.293	55.034	546.622	56.631	2.198	0.157
无关字	489.650	63.032	766.930	63.659	3.344	0.234

用 SPSS 19.0 对实验中以看蒙古语单字为启动方式下，蒙古族大学生识别与目标字相对应的蒙古语音同字、形似字、义近字和无关字 4 个竞争字时的眼动分析指标进行统计分析（表3.3）。对首视时间进行分析发现，蒙古族大学生识别相应的蒙古语音同字、形似学、义近字和无关字时，形似字的首视时间效应显著（$F = 5.219$，$p < 0.001$）；音同字的首视时间效应也达到统计学显著水平（$F = 7.856$，$p = 0.021 < 0.05$）；义近字的首视时间效应边缘性显著（$F = 7.987$，$p = 0.05$）；无关字的首视时间效应不显著（$F < 1$，$p = 0.314 > 0.05$）。对总阅读时间进行分析发现，音同字（$F = 9.158$，$p = 0.001$）和形似字（$F = 8.797$，$p = 0.001$）的总阅读时间效应极显著；义近字的总阅读时间效应也达到了统计学显著水平（$F = 10.588$，$p = 0.031 < 0.05$）；无关字的总阅读时间效应不显著（$F < 1$，$p = 0.427 > 0.005$）。对注视次数进行分析发现，形似字的注视次数效应显著（$F = 8.245$，$p = 0.001$）；音同字的注视次数达到统计学显著水

表3.3 首视时间、总阅读时间及注视次数的平均值和标准差

启动方式：看蒙古语单字	首视时间/ms		总阅读时间/ms		注视次数/次	
	M	SD	M	SD	M	SD
音同字	399.293	43.551	465.232	41.299	1.987	0.104
形似字	380.520	53.563	436.023	45.280	1.720	0.050
义近字	442.230	52.804	514.023	50.521	2.291	0.127
无关字	501.002	42.532	631.080	42.209	2.914	0.154

平（$F = 9.516$，$p = 0.0175 < 0.05$）；义近字的注视次数效应显著（$F = 8.918$，$p = 0.028 < 0.05$）；无关字的注视次数效应不显著（$F = 5.193$，$p = 0.349 > 0.05$）。

图 3.2 是蒙古族大学生在听和看两种不同启动方式下识别蒙古语单

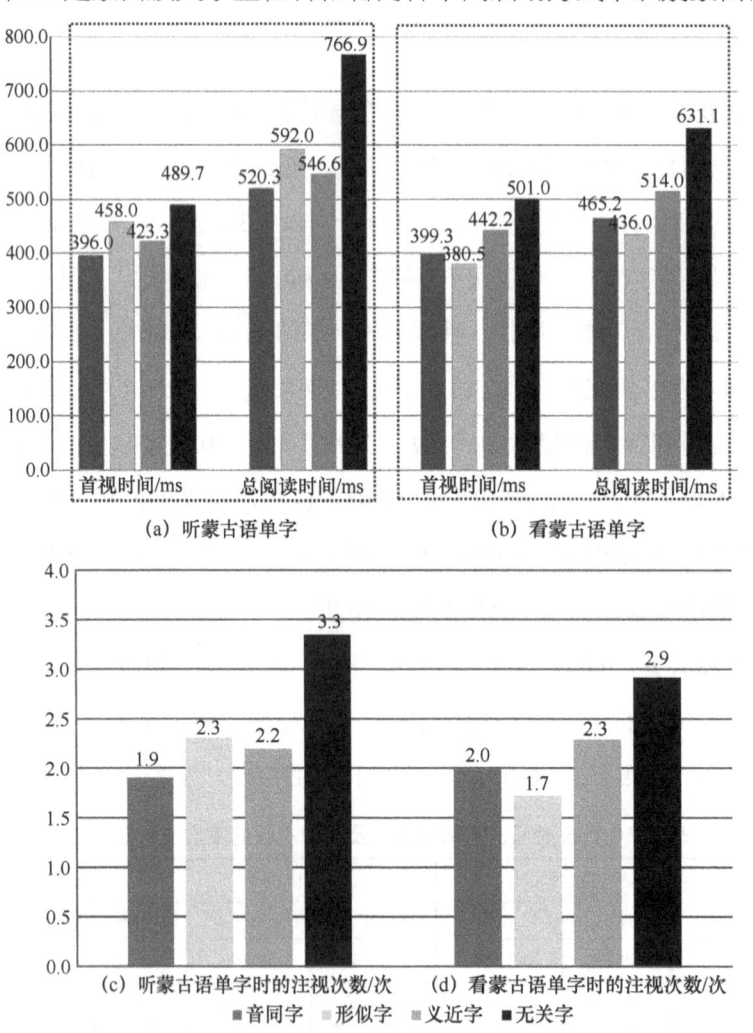

图 3.2 蒙古族大学生在听和看两种不同启动方式下识别蒙古语单字的首视时间、总阅读时间及注视次数对比图

字的首视时间、总阅读时间及注视次数对比图。从图中可以看出，当以听为启动方式时，音同字的首视时间和总阅读时间最短，注视次数最少，因此在以听为启动方式时，目标字对音同字的激活起到了明显的促进作用，这表明蒙古族大学生以听为启动方式进行蒙古语（母语）单字识别时，语音相同的字最先得到加工，其次是语义，再次是字形，最后无关字才被激活。当以看为启动方式时，形似字的首视时间和总阅读时间最短，注视次数为最少。对蒙古族大学生来说，他们在看到一个蒙古语单字时，首先对形状进行扫视，随后再由字形激活语音，对语音进行编码，最后由语音来获取字义。蒙古族大学生以看为启动方式，来识别蒙古语（母语）单字时，首先形似字被激活，随后音同字被激活，而后通过音同字来激活义近字；无关字最后被激活，使用的注视时间最长，注视次数最多，也就是说，负荷度较大。因此，蒙古族大学生识别蒙古语单字时受启动方式的影响较大。

3.2.3 小结

本节实验在蒙古族大学生看蒙古语单字与听蒙古语单字两种不同启动方式下，分析目标字与相对应的蒙古语音同字、形似字、义近字和无关字 4 个竞争字的关系，探讨语音信息在词汇识别的早期和晚期加工中的作用，以及与目标字相对应的 4 个竞争字的激活顺序。直通理论认为，词汇的意义直接由词的形式来激活，语音的作用并不大；语音中介理论认为，词汇识别中，音、形、义激活的顺序是字形—字音—字义，激活字义时，语音信息起到了重要的中介作用；双通道理论认为，词汇意义的激活有可能是通过字形进行，也有可能是通过字音进行，直通道和语音通道都有可能决定词汇意义的激活。

首视时间是对单字认知加工难度的敏感性及对单字的早期加工过程的反映，而总阅读时间是对单字的晚期加工过程的反映，也就是说，对整字识别过程的反映。注视次数能有效地反映阅读材料的认知加工负荷，认知负荷较大的阅读材料的注视次数也更多。以听蒙古语（母语）单字为启动方式时，对于首视时间和总阅读时间而言，音同字和义近字的首视时间和总阅读时间效应极其显著，形似字的首视时间和总阅读时间效应显著，而无关字的首视时间和总阅读时间效应不显著。在注视次数这一指标上，音同字的注视次数最少，形似字次之，再次是义近字，无关字的注视次数最多，认知负荷较大。因此，本次实验结果表明，蒙古族大学生在识别蒙古语单字时，语音信息在早期阶段和晚期阶段的加工中都最先起到了促进作用，被试听到语音后，扫视屏幕上的4个字，随后最先激活音相同字，然后由语音信息激活字义表征。通过这种现象可知，通达词汇意义时必须经过语音的激活路径，词汇识别中没有最开始的语音信息的激活，就没有词汇意义的通达。据此可以认为，蒙古族大学生以听蒙古语（母语）单字为启动方式来识别蒙古语单字时，可以直接由语音信息激活字义，不一定必须通过字形。以看蒙古语单字为启动方式时，对于首视时间和总阅读时间而言，音同字和形似字的首视时间和总阅读时间效应显著，义近字的首视时间和总阅读时间效应呈边缘性显著，而无关字的首视时间和总阅读时间效应不显著。在注视次数这一指标上，形似字的注视次数最少，其次是音同字，最后是义近字。当然，无关字的注视次数最多，认知负荷较大。

激活顺序反映的是一种语言加工的过程和认知机制，以听蒙古语单字为启动方式，被试扫视屏幕上的4个竞争字时的激活顺序是音同字最先被激活，其次是义近字、形似字，最后是无关字，由此得到在词汇识别中音、形、义激活的顺序是字音—字义—字形—无关字。以看蒙古语单字为启动方式时，被试扫视屏幕上的4个竞争字时的激活顺序是最先为形似字，其次是音同字、义近字，最后是无关字，词汇识别中音、形、义、激活的顺序是字形—字音—字义—无关字。这表明，语音在词汇识别过程中起到重要的中介作用，字义都是通过语音信息来获取的，4 个竞争字的语音表征是由字形信息来激活的，然后再由语音信息激活字的意义，本次实验结果强调了语音的中介作用。

3.3 语音信息和形状信息对蒙古族大学生汉语单字识别的影响

本次实验主要是在不同的启动方式下，探讨蒙古族大学生识别汉语（二语）单字时，与目标字相对应的字音、字形、字义和无关字 4 种竞争字的激活情况，以及语音信息和形状信息在词汇识别中的作用。

3.3.1 实验方法

（1）被试

选择 30 名蒙古族大学生（男 15 名，女 15 名）作为被试，所有被试的母语均为蒙古语。他们从小学三年级开始就学习汉语，上大学后所有被试均参加过汉语普通话水平测试，等级为二级水平。所有被试的裸眼视力和矫正视力均在 1.0 以上，无色盲、色弱。没有听力障碍。

（2）实验设计及设备

本次实验采用单字识别任务，两因素被试内设计：一个因素是启动方式，有 2 种，即听单字启动方式和看单字启动方式；另一个因素是竞争字的类型，分为 4 种，即音同字、形似字、义近字和无关字。使用德国 SMI 公司的 Hi-Speed 眼动仪对实验进行实时监控，运用 iView X 软件和 Experiment Center 软件记录实验过程中的眼动数据和提取分析眼动的各项数据。

（3）实验材料

在商务印书馆出版的《新华字典（第 11 版）》中选取 30 个单字作为目标字，再选择与这 30 个目标字相匹配的 4 种关系的竞争字（共计

120 个），分别为语音相同字（与目标字音相同）、形状相似字（与目标字形相似）、语义相近字（与目标字义相近）及无关字（与目标字没有任何关系）。实验材料从启动方式上分为听汉语单字（15 个）和看汉语单字（15 个），与 2 种启动方式相匹配的 4 种竞争字分布在 5×5 的矩阵格子里，用图像处理软件 PhotoShop 制作成 800×600 像素的 bmp 格式，然后呈现在显示器屏幕上。例如，听到的目标字是"沙"，相对应的视觉呈现字为音同字"杀"、形似字"抄"、义近字"土"、无关字"保"。正式实验中，矩阵格子里的边框都不出现。

（4）实验程序

此实验在专业眼动实验室里进行。实验室的隔音效果非常好，实验室里安装了多个节能灯，照明效果良好，室内温度适当，适合被试做实验。本次实验由一台计算机控制和记录眼动指标，刺激物呈现在显示器中央。被试进入实验室后，坐在离显示器约 100 cm 的位置，调整好坐姿。被试将下巴放在眼动仪的托架上，额头贴住眼动仪的上缘，注视显示器上呈现的 9 个矫正点，大于 1.0 时则重新校准，矫正效果小于 1.0 时可以继续做实验。

实验分为两组进行，第一组是以听汉语单字为启动方式。指导语为："一会儿，显示器上将会显示一个'+'号，随后从耳麦里你就会听到一个汉语单字，同时显示器屏幕上会出现与目标字相匹配的 4 个竞争字，你可以在屏幕上自由扫视，并通过空格键结束扫视。这时可以直接进入下一个序列，一共 15 个序列。第二组是以看汉语单字为启动方式。指导语为：一会儿，显示器上将会显示一个'+'号，首先显示器屏幕上就会出现一个汉语单字，随后显示器屏幕上会出现与目标字相匹配的 4 个竞争字，你可以在屏幕上自由扫视，并通过空格键结束扫视。这时可以直接进入下一个序列，一共 15 个序列。"正式实验之前，被试对本次实验有足够的练习和一定的了解，确保被试能够理解。

3.3.2 结论与分析

用眼动仪自带的 iView X 软件和 Experiment Center 软件记录实验的眼动数据和提取分析各项数据。

（1）兴趣区的划分

将与目标字相对应的音同字、形似字、义近字和无关字 4 个竞争字划分在一个等同的兴趣区域，即把 4 个竞争字设计在 5×5 格子的 7、9、17、19 的位置上。

（2）眼动分析指标的选取

选取的眼动分析指标有首视时间、总阅读时间和注视次数。

（3）原始数据的处理

数据处理标准为：删除注视时间小于 80 ms 及大于 1000 ms 的原始数据，共占全体数据的 2.2%。再删除数据中 3 个标准差之外的数据，占第一步删除之后数据的 2%。其余数据进入最后的统计分析。

（4）眼动数据统计分析结果

用 SPSS 19.0 以听汉语单字为启动方式，对蒙古族大学生识别与目标字相关的汉语音同字、形似字、义近字和无关字 4 个竞争字时的眼动分析指标进行统计分析（表 3.4）。对首视时间进行分析，发现蒙古族大学生识别听觉单字时，音同字的首视时间效应极其显著（$F=7.421$，$p<0.001$）；义近字的首视时间效应极其显著（$F=5.129$，$p=0.001$）；形似字的首视时间效应达到统计学显著性水平（$F=4.235$，$p=0.025<0.05$）；无关字的首视时间效应不显著（$F<1$，$p=0.658>0.05$）。对总阅读时间进行分析，发现音同字的总阅读时间效应极其显著（$F=16.177$，$p<0.001$）；义近字的总阅读时间效应极其显著（$F=15.857$，$p<0.001$）；形似字的总阅读时间效应也达到了统计学显著性水平（$F=9.848$，$p<0.001$）；无关字的总阅读时间效应不显著（$F<1$，$p=0.916>0.005$）。

对注视次数进行分析，发现音同字的注视次数效应极其显著（$F = 6.938$，$p < 0.001$）；义近字的注视次数效应极其显著（$F = 6.737$，$p < 0.001$）；形似字的注视次数效应达到统计学显著性水平（$F = 2.476$，$p = 0.035 < 0.05$）；无关字的注视次数效应不显著（$F < 1$，$p = 0.528 > 0.05$）。

表 3.4　首视时间、总阅读时间及注视次数的平均值和标准差

启动方式： 听汉语单字	首视时间/ms		总阅读时间/ms		注视次数/次	
	M	SD	M	SD	M	SD
音同字	323.640	41.881	339.151	34.955	1.433	0.151
形似字	517.273	29.588	611.337	58.536	2.511	0.072
义近字	437.577	37.536	482.444	33.536	2.309	0.052
无关字	684.526	42.564	924.615	803.266	3.800	0.189

用 SPSS 19.0 以看汉语单字为启动方式，对蒙古族大学生识别与目标字相关的汉语音同字、形似字、义近字和无关字 4 个竞争字时的眼动分析指标进行统计分析（表 3.5）。对首视时间进行分析，发现蒙古族大学生识别相应的音同字、形似字、义近字和无关字时，音同字的首视时间效应显著（$F = 4.719$，$p = 0.018 < 0.05$）；形似字的首视时间效应也达到统计学显著性水平（$F = 6.266$，$p = 0.008 < 0.05$）；义近字的首视时间效应边缘显著（$F = 3.187$，$p = 0.05$）；无关字的首视时间效应不显著（$F < 1$，$p = 0.615 > 0.05$）。对总阅读时间进行分析，发现音同字（$F = 11.758$，$p = 0.001$）和形似字（$F = 13.727$，$p = 0.001$）的总阅读时间效应极其显著；义近字的总阅读时间效应也达到了统计学显著性水平（$F = 10.308$，$p = 0.045 < 0.05$）；无关字的总阅读时间效应不显著（$F < 1$，$p = 0.686 > 0.005$）。对注视次数进行分析，发现音同字的注视次数效应显著（$F = 3.745$，$p = 0.033 < 0.05$）；形似字的注视次数效应达到统计学显著性水平（$F = 4.416$，$p = 0.025 < 0.05$）；义近字的注视次数效应显著（$F = 3.318$，$p = 0.045 < 0.05$）；无

关字的注视次数效应不显著（$F = 1.193$，$p = 0.319 > 0.05$）。

表 3.5　首视时间、总阅读时间及注视次数的平均值和标准差

启动方式：看汉语单字	首视时间/ms M	首视时间/ms SD	总阅读时间/ms M	总阅读时间/ms SD	注视次数/次 M	注视次数/次 SD
音同字	374.500	57.751	471.653	40.499	1.950	0.154
形似字	348.250	59.513	369.033	55.680	1.911	0.150
义近字	446.233	60.964	485.262	46.131	2.277	0.147
无关字	622.850	130.422	682.680	99.349	3.144	0.334

图 3.3 是蒙古族大学生在听和看两种不同启动方式下识别汉语单字时首视时间、总阅读时间及注视次数的对比图。从图中可以看出，当以听为启动方式时，音同字的首视时间和总阅读时间最短，注视次数最少，因此在以听为启动方式时，目标字对音同字的激活起到了明显的促进作用，这表明蒙古族大学生在以听为启动方式来识别汉语单字时，音同字最先得到加工，其次是义近字，再次是形似字，最后无关字才被激活。当以看为启动方式时，形似字的首视时间和总阅读时间最短，注视次数为最少，因此在以看为启动方式时，目标字对形似字的识别激活起到了明显的促进作用，这表明蒙古族大学生在以看为启动方式来识别汉语单字时，形似字最先得到加工，其次是音同字被激活，而后通过字音获取

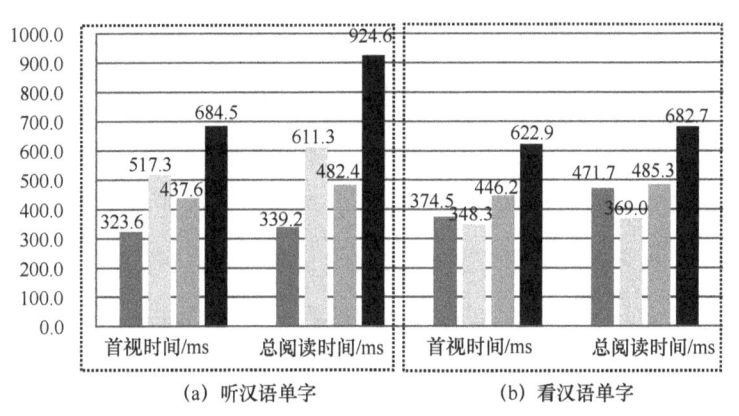

(a) 听汉语单字

(b) 看汉语单字

[图表：柱状图，显示(c)听汉语单字时的注视次数/次：音同字1.4，形似字2.5，义近字2.3，无关字3.8；(d)看汉语单字时的注视次数/次：音同字2.0，形似字1.9，义近字2.3，无关字3.1]

图3.3 蒙古族大学生在听和看两种不同启动方式下识别汉语单字时首视时间、总阅读时间及注视次数的对比图

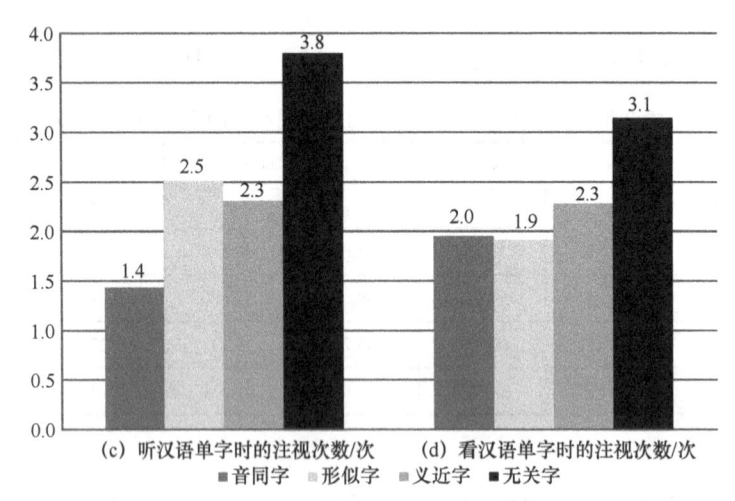

字义，最后无关字才被激活。因此，启动方式的不同和文字类型的不同都会影响蒙古族大学生识别汉语单字的结果。

3.3.3 小结

本节实验考察蒙古族大学生在看汉语单字与听汉语单字两种不同启动方式下，目标字与相对应的汉语音同字、形似字、义近字和无关字4个竞争字的关系，探讨语音信息和形状信息所起的作用，以及与目标字相对应的4个竞争字的激活顺序，研究蒙古族大学生识别汉语单字时通过哪条通路来获取字义。

在以听汉语单字为启动方式时，对首视时间和总阅读时间而言，音同字和义近字的首视时间和总阅读时间效应极其显著；形似字的首视时间和总阅读时间效应也达到了统计学显著性水平；无关字的首视时间和总阅读时间效应不显著。在注视次数这一指标上，音同字的注视次数最少，其次是义近字，再次是形似字，最后无关字的注视次数最多，认知负荷较大。因此，本次实验结果表明，蒙古族大学生识别汉语单字时，

语音信息在早期阶段和晚期阶段的加工中都最先起到了促进作用。据此可以推断出，蒙古族大学生以听汉语单字为启动方式来识别汉语单字时，直接由语音信息激活字义，字义的激活不一定必须通过字形进行，实验结果支持了直通理论。在以看汉语单字为启动方式时，就首视时间和总阅读时间而言，音同字和形似字的首视时间和总阅读时间效应显著；义近字的首视时间和总阅读时间效应呈边缘显著；无关字的首视时间和总阅读时间效应不显著。在注视次数这一指标上，形似字的注视次数最少，其次是音同字，最后是义近字，无关字的注视次数最多，认知负荷较大，也就是说，形似字最先被激活，音同字通过语音信息获取字的意义，而义近字最后才被激活。这表明，语音信息在词汇识别的过程中起着重要的中介作用。也就是说，蒙—汉双语者识别第二语言词汇时受母语本身所固有的文字特征影响，因此实验结果也支持了语音中介理论。

3.4　语音信息和形状信息对汉族大学生汉语单字识别的影响

本次实验主要是探讨不同的启动方式下，汉族大学生识别汉语（母语）单字时，与目标字相对应的字音、字形、字义和无关字 4 种竞争字的激活情况，以及语音信息和形状信息在词汇识别中的作用。

3.4.1　实验方法

（1）被试

选择 30 名汉族大学生（男 15 名，女 15 名）作为被试，所有被试的母语均为汉语。上大学后所有被试均参加过汉语普通话水平测试，等级为二级乙等及以上水平。所有被试的裸眼视力和矫正视力均在 1.0 以上，无色盲、色弱。没有听力障碍。

（2）实验设计及设备

本次实验采用单字识别任务，两因素被试内设计：一个因素是启动方式，有 2 种，听单字启动方式和看单字启动方式；另一个因素是竞争字的类型，分为 4 种，即音同字、形似字、义近字和无关字。使用德国 SMI 公司的 Hi-Speed 眼动仪对实验进行实时监控，运用 iView X 软件和 Experiment Center 软件记录实验过程中的眼动数据和提取分析眼动的各项数据。

（3）实验材料

从商务印书馆出版的《新华字典》（第 11 版）中选取 30 个单字作为目标字，再选择与这 30 个目标字相匹配的 4 种关系的竞争字（共计 120 个），分别为语音相同字（与目标字音相同）、形状相似字（与目标字形相似）、语义相近字（与目标字义相近）及无关字（与目标字没有任何关系）。实验材料从启动方式上分为听汉语单字（15 个）和看汉语单字（15 个），与两种启动方式相匹配的 4 种竞争字分布在 5×5 的矩阵格子里，用图像处理软件 PhotoShop 制作成 800×600 像素的 bmp 格式，然后将其呈现在显示器屏幕上。例如，看到的目标字是"睡"，相对应的视觉呈现字为音相同词"税"、形相似字"捶"、义相近字"眠"、无关字"院"。正式实验中，矩阵格子里的边框都不出现。

（4）实验程序

实验分为两组进行。第一组是以听汉语单字为启动方式，指导语为："一会儿，显示器上将会显示一个'+'号，随后耳麦里你就会听到一个汉语单字，同时显示器屏幕上会出现与目标字相匹配的 4 个竞争字，你可以在屏幕上自由扫视，并通过空格键结束扫视。这时可以直接进入下一序列，一共 15 个序列。"第二组是以看汉语单字为启动方式。指导语为："一会儿，显示器上将会显示一个'+'号，首先显示器屏幕上就会出现一个汉语单字，随后显示器屏幕上会出现与目标字相匹配的 4 个竞争字，你可以在屏幕上自由扫视，并通过空格键结束扫视。这时可以直接进入下一个序列，一共 15 个序列。"正式实验之前，被试对本次实验有足够的练习和一定的了解，确保被试能够理解。

3.4.2 结果与分析

由眼动仪自带的 iView X 软件和 Experiment Center 软件记录实验的眼动数据和提取分析各项数据。

（1）兴趣区的划分

将与目标字相对应的音同字、形似字、义近字和无关字 4 个竞争字划分在一个等同的兴趣区域，即把 4 个竞争字设计在 5×5 格子的 7、9、17、19 的位置上。

（2）眼动分析指标的选取

选取的眼动分析指标有首视时间、总阅读时间和注视次数。

（3）原始数据的处理

数据处理标准为：删除注视时间小于 80 ms 及大于 1000 ms 的原始数据，共占全体数据的 2.2%。再删除数据中 3 个标准差之外的数据，占第一步删除之后的数据的 2%。其余数据进入最后的统计分析。

（4）眼动数据统计结果

用 SPSS 19.0 以听汉语单字为启动方式，对汉族大学生识别与目标字相关的汉语音同字、形似字、义近字和无关字 4 个竞争字时的眼动分析指标进行统计分析（表 3.6）。对首视时间进行分析，发现汉族大学生识别听觉单字时，音同字的首视时间效应显著（$F = 5.548, p = 0.003 < 0.05$）；义近字的首视时间效应达到统计学显著性水平（$F = 7.295, p = 0.038 < 0.05$）；形似字的首视时间效应极其显著（$F = 6.585, p = 0.001$）；无关字的首视时间效应不显著（$F < 1, p = 0.496 > 0.05$）。对总阅读时间进行分析，发现音同字的总阅读时间效应显著（$F = 14.868, p = 0.005 < 0.05$）；

形似字的总阅读时间效应极其显著（$F = 13.742$，$p = 0.013 < 0.05$）；义近字的总阅读时间统计效应达到了统计学显著性水平（$F = 9.848$，$p = 0.032 < 0.05$）；无关字的总阅读时间效应不显著（$F < 1$，$p = 0.895 > 0.05$）。对注视次数进行分析，发现音同字的注视次数效应极其显著（$F = 4.392$，$p = 0.007 < 0.05$）；义近字的注视次数效应显著（$F = 2.881$，$p = 0.035 < 0.05$）；形似字的注视次数效应达到统计学显著性水平（$F = 3.541$，$p = 0.017 < 0.05$）；无关字的注视次数效应不显著（$F < 1$，$p = 0.142 > 0.05$）。

表3.6 首视时间、总阅读时间及注视次数的平均值和标准差

启动方式：听汉语单字	首视时间/ms M	SD	总阅读时间/ms M	SD	注视次数/次 M	SD
音同字	333.980	63.097	370.447	47.661	1.692	0.160
形似字	404.788	59.489	432.195	47.101	2.110	0.158
义近字	435.633	57.599	446.071	35.046	2.215	0.173
无关字	533.966	48.571	550.402	47.463	3.068	0.235

用 SPSS 19.0 以看汉语单字为启动方式，对汉族大学生识别与目标字相关的汉语音同字、形似字、义近字和无关字 4 个竞争字时的眼动分析指标进行统计分析（表3.7）。对首视时间进行分析，发现汉族大学生识别相应的音同字、形似字、义近字和无关字时，音同字的首视时间效应显著（$F = 3.484$，$p = 0.018 < 0.05$）；形似字的首视时间效应极其显著（$F = 7.350$，$p = 0.001$）；义近字的首视时间效应已达到统计学显著性水平（$F = 3.598$，$p = 0.016 < 0.05$）；无关字的首视时间效应不显著（$F < 1$，$p = 0.442 > 0.05$）。对总阅读时间的分析发现，音同字的总阅读时间效应显著（$F = 11.758$，$p = 0.015 < 0.05$）；形似字的总阅读时间效应极其显著（$F = 13.727$，$p = 0.001$）。义近字的总阅读时间效应也达到统计学显著性水平（$F = 11.047$，$p = 0.008 < 0.05$）；无关字的总阅读时间效应不显著（$F = -1.376 < 1$，$p = 0.227 > 0.005$）。对注视次数进行分析，发

现音同字的注视次数效应显著（$F = 3.651$, $p = 0.015 < 0.05$）；形似字的注视次数效应极其显著（$F = 5.383$, $p < 0.001$）；义近字的注视次数效应显著（$F = 4.996$, $p = 0.044 < 0.05$）；无关字的注视次数效应不显著（$F = 0.886$, $p = 0.416 > 0.05$）。

表3.7 首视时间、总阅读时间及注视次数的平均值和标准差

启动方式：看汉语单字	首视时间/ms M	首视时间/ms SD	总阅读时间/ms M	总阅读时间/ms SD	注视次数/次 M	注视次数/次 SD
音同字	454.636	36.382	482.444	47.661	2.655	0.155
形似字	348.797	23.733	339.151	47.101	1.383	0.178
义近字	410.990	38.999	432.195	35.046	2.117	0.170
无关字	547.100	53.125	520.414	47.463	3.017	0.191

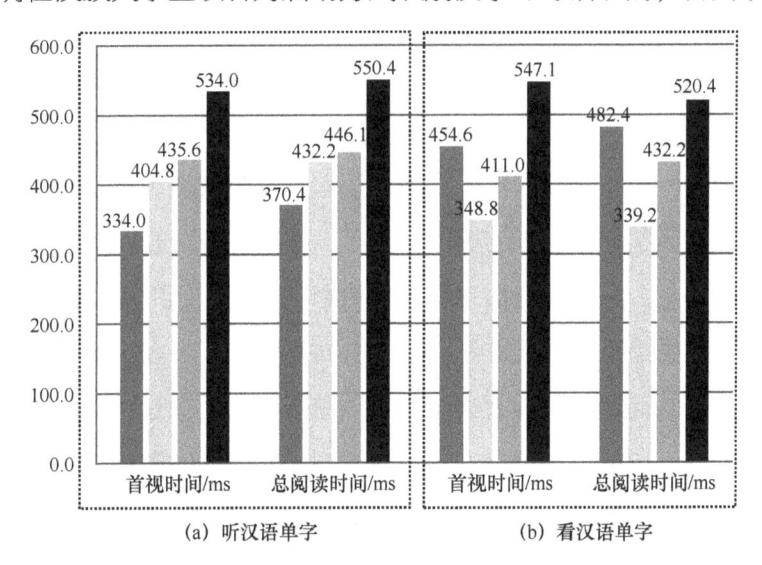

图 3.4 是汉族大学生在听和看两种不同启动方式下，识别汉语单字时首视时间、总阅读时间及注视次数的对比图。从图中可以看出，当以听为启动方式时，音同字的首视时间和总阅读时间最短，注视次数最少。当以听为启动方式时，目标字对音同字的激活起到了明显的促进作用，这表明在汉族大学生以听为启动方式识别汉字（母语）时，音同字最先

(a) 听汉语单字

(b) 看汉语单字

```
                            3.1                        3.0
                                              2.7
                    2.1   2.2                      2.1
              1.7
                                              1.4
```

（c）听汉语单字时的注视次数/次　　（d）看汉语单字时的注视次数/次
　　■ 音同字　■ 形似字　■ 义近字　■ 无关字

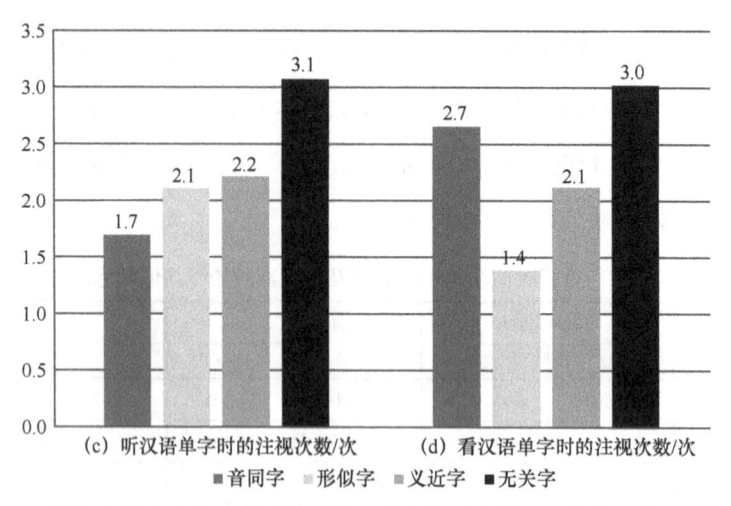

图 3.4　汉族大学生在听和看两种不同启动方式下识别汉语单字时首视时间、
总阅读时间及注视次数的对比图

得到加工，其次是形似字，再由字形获取字的意义，最后无关字才被激活。当以看为启动方式时，形似字的首视时间和总阅读时间最短，注视次数为最少。因此，在以看为启动方式时，目标字对形似字的激活和加工起到了明显的促进作用，这表明在汉族大学生以看为启动方式识别汉语（母语）时，形似字最先得到加工，其次是义近字，再次是音同字，最后无关字被激活。

3.4.3　小结

本节实验考察汉族大学生在看汉语单字与听汉语单字两种不同启动方式下，目标字与相对应的汉语音同字、形似字、义近字和无关字 4 个竞争字的关系，探讨语音信息和形状信息在词汇识别的早期阶段和晚期阶段的加工中是否起到促进作用，分析与目标字相对应的 4 个竞争字的激活顺序，从而解决汉族大学生的汉语单字识别是通过哪条通道来获取字义等问题。以听汉语单字为启动方式时，对首视时间和总阅读时间而言，音同字和形似字的首视时间和总阅读时间效应显著；义近字的首视

第 3 章 蒙古族大学生蒙古语、汉语词汇识别的眼动研究

时间和总阅读时间效应也达到了显著水平；无关字的首视时间和总阅读时间效应不显著。在汉族大学生以听为启动方式扫视与目标字相对应的 4 个竞争字时，音同字的首视时间和总阅读时间最短，注视次数最少，义近字的首视时间和总阅读时间最长，注视次数最多。在注视次数这一指标上也是一样的，音同字的注视次数最少，其次是形似字、义近字，无关字的注视次数最多。因此这表明，语音信息在词汇识别的早期阶段和晚期阶段加工中都最先起了作用。据此可以推出，不管是蒙古族大学生还是汉族大学生，在以听单字为启动方式来识别词汇时，语音信息最先被激活，词汇识别时都会受到启动方式的影响。

在以看汉语单字为启动方式时，形似字和义近字的首视时间和总阅读时间效应显著；音同字的首视时间和总阅读时间效应边缘显著；无关字的首视时间和总阅读时间效应不显著。在注视次数这一指标上，形似字的注视次数最少，其次是义近字，再次是音同字，无关字的注视次数最多。因此，在以看单字为启动方式时，字形最先被激活，然后由字形通达字的意义，不经过语音的中介。这表明，形状信息在词汇识别的早期阶段和晚期阶段加工中都最先起到了作用，字义的激活早于字音的激活，4 个竞争字的激活顺序是字形—字义—字音—无关字，这一结果与前人提出的直通理论相符合。据此可以推出，汉族大学生在以看汉语单字为启动方式来识别汉语单字时，可以由字形信息激活字义，字义的通达不是必须经过语音的中介。

3.5 蒙古族大学生和汉族大学生音形识别的对比研究

3.5.1 眼动兴趣区分析图

实验划分了 4 个兴趣区域，被试在这 4 个兴趣区域里自由扫视，扫

视的数据用 BeGaze 软件来分析。BeGaze 软件可以自动绘图分析，如可以进行扫描路径分析、屏幕位置注视信息分析、凝视图分析和热区图分析等。在 BeGaze 软件中可以重复播放被试的眼动路径，并能生成相应的眼动数据，研究者可以提取与这些图像对应的数据进行分析。个别图示举例如下。

热点图使用不同的颜色表示被试注视时间的长短，红色表示注视时间最长，黄色次之，绿色再次，没有显示颜色的部分则表示被试没有注视过，如图 3.5 所示。焦点图的亮度可以显示被试注视的位置以及时间的动态变化（图 3.6）。从图 3.5 和图 3.6 可以直观地看出，扫视蒙古语单字时，被试对音同字（第一区域）和义近字（第三区域）的注视时间较短，圆点较小；其次是形似字（第二个区域）；无关字的注视时间最长，颜色较深，也就是加工的负荷度较大。因此，蒙古族大学生在听蒙古语单字的启动方式下识别蒙古语单字时，语音信息起到了重要的作用。

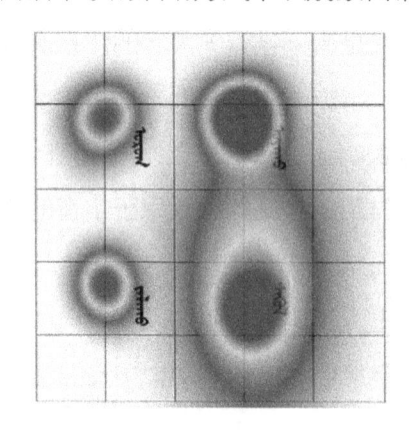

图 3.5　热点图

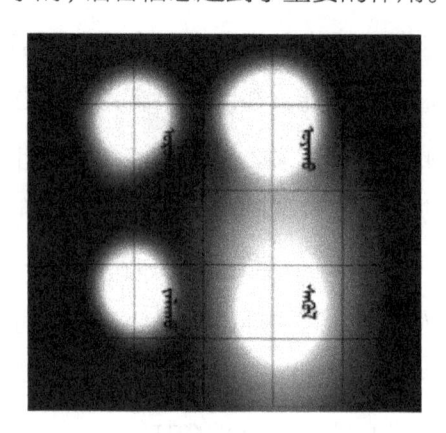

图 3.6　焦点图

扫描路径轨迹图上的彩色曲线表示被试注视点的移动轨迹，其中彩色圆点大小表示注视时间长短（图 3.7）。屏幕位置注视信息是把文字区域分成一定数目的小方格，不同颜色代表被试目光停留时间的长短，红色表示停留时间最长，数值最大，与热点图相对应（图 3.8）。从图 3.7 和图 3.8 可以直观地看到，蒙古族大学生扫视汉语单字时，形似字（第二个区域）的圆点最小，注视时间最短，其次是音同字（第一个区域），再次是义近字（第三个区域），无关字的圆点最大，目光停留的时间较长，因为这与目标字没有关系，所以被试会多关注这一词。因此，蒙古族大学生在看单字的启动方式识别汉语单字时，4 个竞争字的激活顺序是形似字—音同字—义近字—无关字，也就是说获取字义时语音信息起到了重要作用。下面对具体的数据进行比较分析。

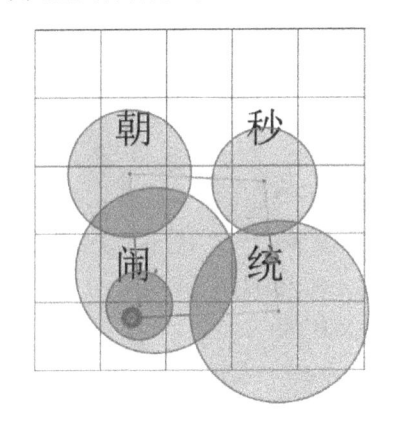

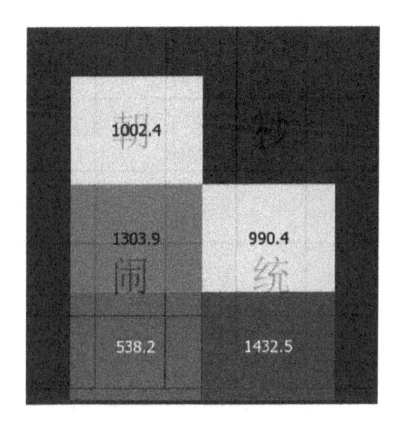

图 3.7 扫描路径轨迹图　　图 3.8 屏幕位置注视信息图

3.5.2 蒙古族大学生识别蒙古语和汉语单字眼动指标的对比分析

（1）不同兴趣区首视时间的对比分析

首视时间是反映被试对文字或词早期加工的一项眼动指标，能有效反映词汇意义通达的早期阶段特点。首视时间是眼动阅读研究中常用的一个眼动指标，是读者阅读兴趣区域里的文字时第一个注视关键字词的注视点出现时间，该注视点能良好地反映读者对字词的早期加工情况。

图 3.9 为以听为启动方式时，蒙古族大学生识别蒙古语和汉语单字的首视时间对比图。由图 3.9 可知，蒙古族大学生识别蒙古语和汉语单字时，蒙古语音同字、形似字的首视时间显著长于汉语音同字、形似字的首视时间，蒙古语义近字和无关字的首视时间短于汉语义近字和无关字的首视时间。蒙古音同字的首视时间长是因为蒙古语是拼音文字，被

试听到一个蒙古语单字时,首先会在心里一个音节一个音节地拼读,拼读的同时在头脑里默写,因此对音同字的早期加工时间较长。对于蒙古族大学生来说,第二语言的形似字、义近字和无关字的早期加工识别是较难的。

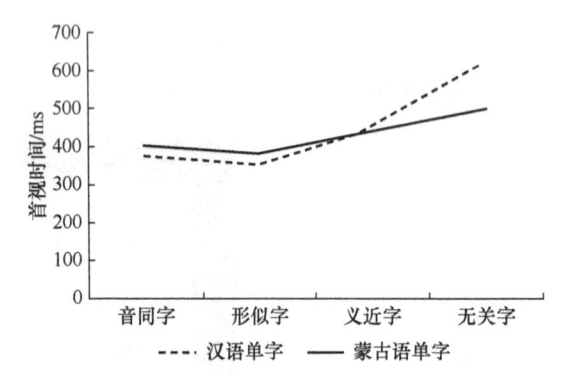

图 3.9　以听为启动方式时蒙古族大学生识别蒙古语和汉语单字的首视时间对比图

图 3.10 为以看作为启动方式时,蒙古族大学生识别蒙古语和汉语单字的首视时间对比图。由图 3.10 可知,汉语音同字的首视时间短于蒙古语音同字的首视时间,汉语的形似字、义近字和无关字的首视时间都长于蒙古语形似字、义近字和无关字的首视时间。这表明,蒙古族大学生看到一个蒙古语单字后,短时间内找出形似的单字是比较难的,因为蒙

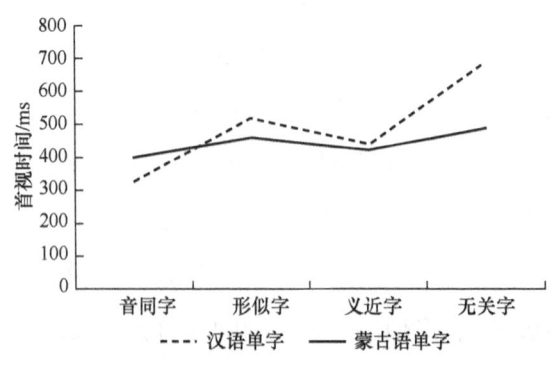

图 3.10　以看为启动方式时蒙古族大学生识别蒙古语和汉语单字的首视时间对比图

第 3 章 蒙古族大学生蒙古语、汉语词汇识别的眼动研究

古语是拼音文字,由多个音节组成,所以蒙古族学生对蒙古语的字形不是很敏感。对于蒙古族大学生来说,识别母语和第二语言单字时会受母语的影响,文字类型和启动方式的不同会影响单字识别的结果。

(2)不同兴趣区总阅读时间的对比分析

总阅读时间是对字或词语所有注视点注视时间的总和,该指标能有效反映对字词的晚期加工情况,对字词的晚期加工就是判断词汇,获取字义或同义的过程。阅读材料难易程度的不同以及读者对所阅读材料熟悉程度的不同,都会体现为读者注视次数的不同。

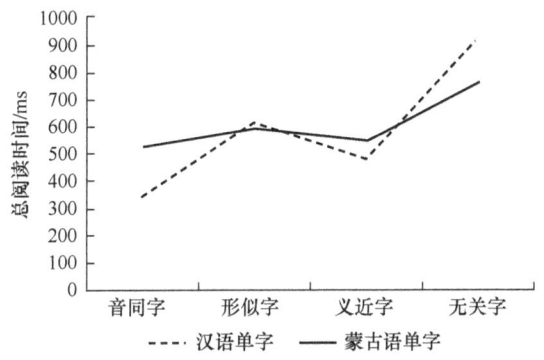

图 3.11 为以听为启动方式时,蒙古族大学生识别蒙古语和汉语单字的总阅读时间对比图。由图 3.11 可知,蒙古族大学生识别蒙古语和汉语单字时,蒙古语音同字的总阅读时间显著长于汉语音同字的总阅读时间,蒙古语义近字的总阅读时间也长于汉语义近字的总阅读时间,蒙古语形似字和无关字的总阅读时间短于汉语形似字和无关字的总阅读时间。这表明,蒙古语音同字和义近字的总阅读时间长是因为受母语的影响,蒙古族学生识别蒙古语单字时,首先激活语音,之后通过语音信息获取字的意义,因此晚期的加工时间较长。汉语形似字和无关字的总阅读时间较长是因为蒙古族学生对汉语字形不敏感,很难在短时间内识别形似字、无关字。

图 3.11 以听为启动方式时蒙古族大学生识别蒙古语和汉语单字的总阅读时间对比图

图 3.12 为以看为启动方式时,蒙古族大学生识别蒙古语和汉语单字的总阅读时间对比图。由图 3.12 可知,汉语形似字的总阅读时间显著短于蒙古语形似字的总阅读时间,汉语音同字和义近字的总阅读时间与蒙古语音同字和义近字的总阅读时间非常接近,汉语无关字的总阅读时间长于蒙古语无关字的总阅读时间。蒙古族学生受到母语的影响,对蒙古语的字形不是很敏感,对形似字的晚期加工时间比较长。汉语和蒙古语的音同字和义近字的总阅读时间相差不是很明显,这有可能是因为与目标字相对应的音同字和义近字比较简单,晚期加工使用的时间比较短。

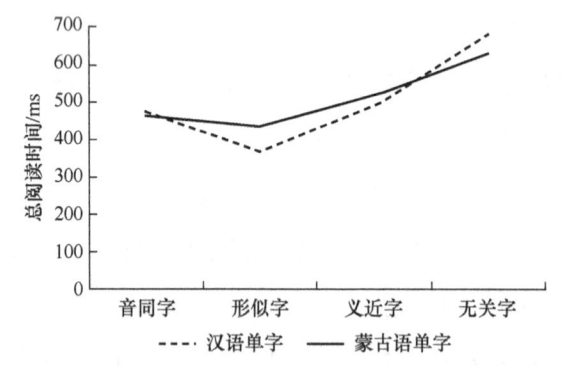

图 3.12 以看为启动方式时蒙古族大学生识别蒙古语和汉语单字的总阅读时间对比图

(3) 不同兴趣区注视次数的对比分析

注视次数是指兴趣区被注视的总次数,该指标能有效地反映阅读材料的认知加工负荷,认知加工负荷较大的阅读材料,注视次数也更多。研究发现,阅读较难材料时的注视次数明显多于阅读较容易材料时的注视次数。不同阅读水平的读者阅读同一材料的注视次数显著不同。注视次数和阅读材料的难度呈正比。

图 3.13 为以听为启动方式时,蒙古族大学生识别蒙古语和汉语单字的注视次数对比图。由图 3.13 可知,蒙古族大学生识别蒙古语和汉语单字时,对蒙古语音同字的注视次数显著多于对汉语音同字的注视次数,

第 3 章 蒙古族大学生蒙古语、汉语词汇识别的眼动研究

对蒙古语形似字、义近字和无关字的注视次数都少于汉语形似字、义近字和无关字的注视次数。这表明，蒙古族大学生在识别蒙古语单字和汉语单字时，短时间内识别汉语单字比识别蒙古语单字难度大，认知负荷较大，因此注视的次数相对较多。

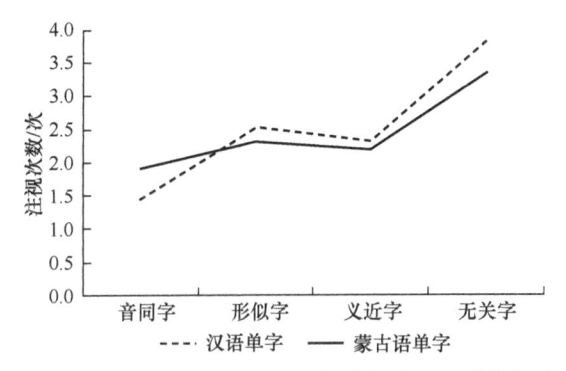

图 3.13 以听为启动方式时蒙古族大学生识别蒙古语和汉语单字时的注视次数对比图

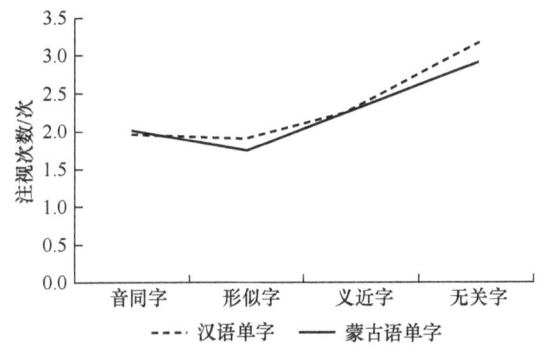

图 3.14 为以看为启动方式时，蒙古族大学生识别蒙古语和汉语单字的注视次数对比图。由图 3.14 可知，汉语形似字、无关字的注视次数多于蒙古语形似字、无关字的注视次数，汉语音同字、义近字的注视次数与蒙古语音同字、义近字的注视次数差异不大。整体来说，蒙古族大学生在短时间内识别汉语（二语）单字的效果次于识别蒙古语单字的效果。

图 3.14 以看为启动方式时蒙古族大学生识别蒙古语和汉语单字的注视次数对比图

3.5.3 蒙古族和汉族大学生识别汉语单字的眼动指标对比分析

（1）不同兴趣区首视时间的对比分析

首视时间是指被试在阅读过程中对某个兴趣区域内第一个注视点的注视时间，反映词汇通达早期阶段的特征。

图 3.15 为以听为启动方式时，蒙古族和汉族大学生的首视时间对比图。由图 3.15 可知，蒙古族和汉族大学生在识别汉语单字时，两者的音同字和义近字的首视时间都非常接近，但蒙古族大学生的音同字首视时间略短于汉族大学生，在形似字和无关字的首视时间上，蒙古族大学生的首视时间都长于汉族大学生。这表明，蒙古族大学生识别汉语单字时，在早期加工上受到了母语的影响，听到一个单字时首先激活音同字，因此蒙古族大学生对语音比较敏感。

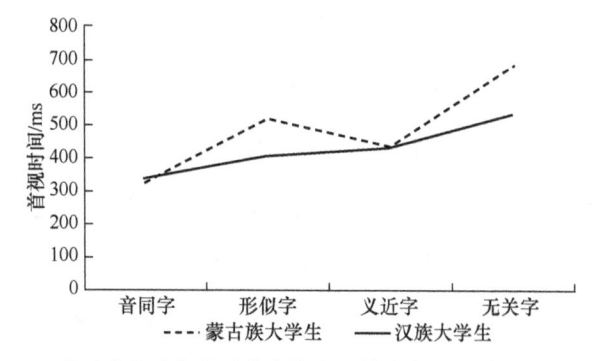

图 3.15 以听为启动方式时蒙古族和汉族大学生的首视时间对比图

图 3.16 为以看为启动方式时，蒙古族和汉族大学生的首视时间对比图。由图 3.16 可知，两者对形似字的首视时间显著短于其他 3 个竞争字，这是由于受到了启动方式和文字类型的影响；但是蒙古族大学生受母语的影响，其音同字的首视时间短于汉族大学生的首视时间；在义近字和无关字的首视时间上，蒙古族大学生的首视时间都长于汉族大学生的首视时间。汉族大学生在两种启动方式下，激活的时间顺序有了变化，整体上汉族大学生的首次注视时间都短于蒙古族大学生

第3章 蒙古族大学生蒙古语、汉语词汇识别的眼动研究

的首次注视时间。这表明,汉族大学生在识别汉语单字时受到了启动方式的影响,由于对自己母语——汉语的文字比较熟悉,因此早期加工比较快。而对蒙古族大学生来说,短时间内激活第二语言的四种不同单字是比较困难的,因此首视时间较长。

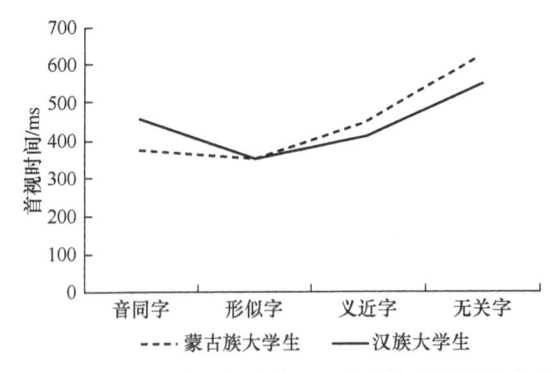

图 3.16 以看为启动方式时蒙古族和汉族大学生的首视时间对比图

(2)总阅读时间的对比分析

总阅读时间,也可以称为总注视时间,是指阅读者对兴趣区的所有注视点注视时间的总和,反映对较慢和较长时间的认知加工过程的敏感性,也就是后期加工的一项指标。

图 3.17 为以听为启动方式时,蒙古族和汉族大学生的总阅读时间对比图。由图 3.17 可知,蒙古族和汉族大学生在识别汉语单字时,两者对

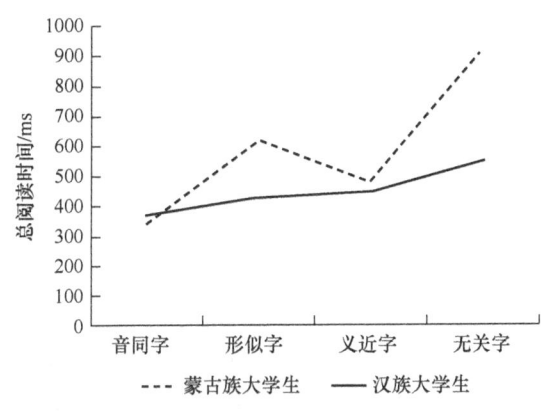

图 3.17 以听为启动方式时蒙古族和汉族大学生的总阅读时间对比图

音同字和义近字的总阅读时间都非常接近,但蒙古族大学生在音同字上使用的总阅读时间比汉族大学生使用的总阅读时间短一些。在识别形似字和无关字时,蒙古族大学生的总阅读时间都长于汉族大学生的总阅读时间。

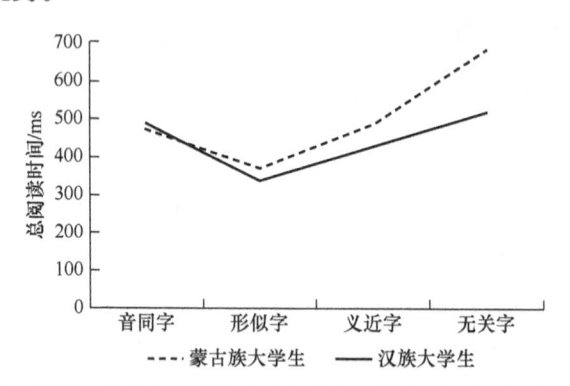

图 3.18 为以看为启动方式时,蒙古族和汉族大学生的总阅读时间对比图。由图 3.18 可知,两者对形似字的总阅读时间显著短于其他 3 个竞争字,但汉族大学生的总阅读时间短于蒙古族大学生的总阅读时间;识别音同字时,蒙古族大学生的总阅读时间仍然短于汉族大学生的总阅读时间;在识别义近字和无关字时,蒙古族大学生的总阅读时间都长于汉族大学生的总阅读时间。这表明,蒙古族和汉族大学生识别单字时都会受自己母语的影响,蒙古族大学生对语音比较敏感,语音信息在晚期加工中起到了重要的作用。启动方式的不同会影响对音、形、义的激活顺序,识别汉语单字时,整体上汉族大学生在词汇的晚期加工上比蒙古族大学生更有优势。

图 3.18 以看为启动方式时蒙古族和汉族大学生的总阅读时间对比图

(3)注视次数的对比分析

注视次数是指兴趣区被注视的总次数,该指标能有效反映阅读材料的认知加工负荷,认知加工负荷较大的阅读材料,注视次数也更多。

图 3.19 为以听为启动方式时,蒙古族和汉族大学生的注视次数对比

图。由图 3.19 可知，蒙古族和汉族大学生对音同字的注视次数都比其他 3 个竞争字少，但蒙古族大学生对音同字的注视次数比汉族大学生少一些，对形似字的注视次数比较多，这是因为蒙古族大学生对字形没有投入很多关注，也受到启动方式的影响。识别形似字、义近字和无关字时，蒙古族大学生的注视次数都多于汉族大学生。这说明，对于蒙古族大学生来说，汉语单字的认知负荷比较大，加工起来比较难。

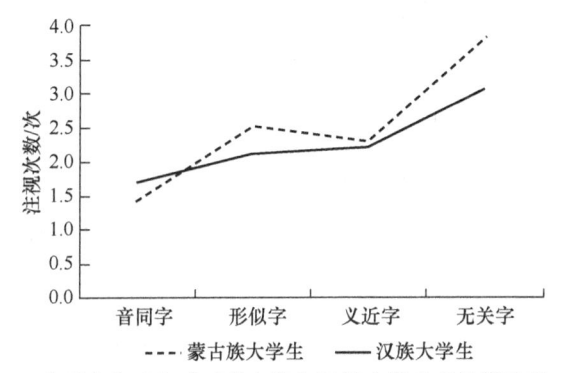

图 3.19　以听为启动方式时蒙古族和汉族大学生的注视次数对比图

图 3.20 为以看为启动方式时，蒙古族和汉族大学生的注视次数对比图。由图 3.20 可知，识别音同字时，蒙古族大学生的注视次数少于汉族大学生的注视次数，在识别形似字、义近字和无关字时，蒙古族大学生的注视次数则明显多于汉族大学生，但在形似字的识别上汉族大学生的注视次数非常少。这表明，在两种启动方式下，两者都受到了母语的影响，

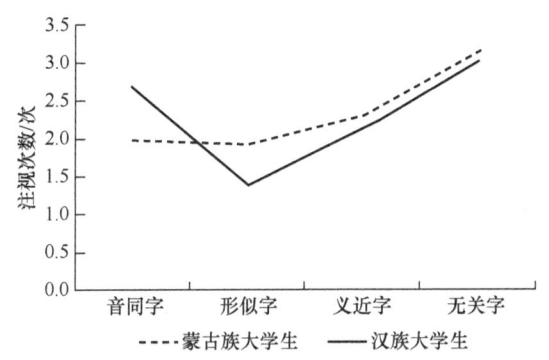

图 3.20　以看为启动方式时蒙古族和汉族大学生的注视次数对比图

汉族大学生对字形比较敏感，而蒙古族大学生对语音比较敏感。对于蒙古族大学生来说，文字书写的不同也是阅读材料的难度之一，所以随着第二语言阅读材料认知负荷的增大，蒙古族大学生的注视次数也会相应地变多。

3.5.4 小结

从以上对比分析来看，蒙古族大学生在看和听两种不同的启动方式下，识别蒙古语（母语）单字和汉语（第二语言）单字时受母语和文字类型的影响，启动方式的不同导致音、形、义激活顺序的不同，与汉族大学生汉语识别的眼动指标存在显著差异。在两种启动方式下，蒙古族大学生识别蒙古语音同字的早期和晚期激活时间都长于识别汉语单字的时间。这是受到了启动方式及文字类型的影响，因为蒙古语是拼音文字，被试听到一个蒙古语单字时，首先会在心里进行拼读，拼读的同时在头脑中默写，因此对音同字的早期和晚期加工时间较长。蒙古族大学生识别与汉语单字目标字相对应的形似字和无关字时的首视时间和总阅读时间都较长，这是因为蒙古族大学生对汉语字形不敏感，拥有的汉语词汇量较少，很难在短时间内识别形似字和无关字。以听为启动方式时，蒙古语音同字的注视次数显著多于汉语音同字的注视次数；以看为启动方式时，蒙古语形似字的注视次数显著多于汉语形似字。这表明，蒙古族大学生在识别蒙古语单字和汉语单字时，短时间内识别第二语言单字比识别母语单字难度大，认知负荷较大，因此注视的次数相对较多。

对比分析蒙古族大学生和汉族大学生在不同启动方式下，识别汉语（第二语言、母语）单字时的眼动指标。结果发现两者识别与汉语单字目标字相对应的音同字和义近字的首视时间和总阅读时间都非常接近，但蒙古族大学生对音同字的启动时间短于汉族大学生的启动时间；在形似字和无关字的启动时间上，蒙古族大学生的使用时间都长于汉族大学生。

蒙古族大学生在识别汉语单字时，听到一个单字首先激活音同字，对语音比较敏感，这是由于其早期和晚期加工受到了母语的影响，也就是语音信息在早期和晚期加工中起到了重要的作用，启动方式的不同也会影响对音、形、义的激活顺序，识别汉语单字时，整体上汉族大学生在早期和晚期加工上都比蒙古族大学生快。蒙古族大学生对音同字的注视次数比汉族大学生少一些，对形似字的注视次数比较多，这是由于蒙古族大学生对字形关注不多，并受启动方式的影响。识别形似字、义近字和无关字时，蒙古族大学生的注视次数都多于汉族大学生，对于蒙古族大学生来说，汉语单字的认知负荷比较大，加工起来比较难，因此注视次数变多。

通过双重对比证明，对于蒙古族大学生来说，识别蒙古语单字和汉语单字时，语音信息在单字识别的早期和晚期过程中都被激活，起到了重要的促进作用。这一结果与前人研究的结果相一致，即支持语音中介理论。

本书可得出如下结论：①在两种（不同的）启动方式下，蒙古族大学生识别蒙古语和汉语单字时，语音信息在词汇识别的早期和晚期加工中都起到重要的作用；②蒙古族大学生识别母语词汇或第二语言词汇时都会受到母语的影响，同时文字类型和启动方式的不同也会造成认知上的差异；③汉族大学生的各项眼动指标都优于蒙古族大学生，表明蒙古族大学生的汉语水平还有待提高。

3.6 讨　　论

在阅读过程中，读者获取词的意义是阅读的根本任务，那么，在这一过程中人们是如何感知词汇的信息、搜索识别的路径，最后做出判断获取词意义的呢？之前的研究者都以拼音文字英语为实验对象进行研究，但对拼音文字蒙古语和表意文字汉语的研究则较少。蒙古语文字是独特的拼音文字，其需要从上往下书写，字与字之间没有明显的字距；汉语是典型的表意文字，往往由文字通达语义。本书以拼音文字蒙古语和表意文字汉语为实验材料，在听和看两种不同的启动方式下，让读者识别蒙古语和汉语的音同字、形似字、义近字和无关字 4 个竞争字，以此来考察在词汇识别中语音信息和形状信息所起到的作用。在拼音文字的阅读中，语义被激活的主要路径是以语音为中介，在获取语义的过程中语音起到了至关重要的作用。而在汉语词汇识别进程中，通达语义是通过字形来获取的。那么，蒙古语作为拼音文字之一，在词汇识别中，蒙古语语义的激活是否通过语音路径进行；蒙古族大学生进行第二语言词汇识别时是支持语音中介理论还是支持直通理论；第二语言词汇识别是否受母语和文字类型的影响；蒙古族大学生和汉族大学生识别汉语的眼动指标是否有差异等问题，均具有一定的讨论价值。

3.6.1 语音信息在蒙古语和汉语单字识别中的作用

在英文词汇识别中，语音信息的作用是不可忽略的，并被多种阅读任务的研究结果所解释和认可。音、义对应的蒙古语文字和形、义对应的汉语文字的独特特点，给研究者对语音信息在词汇识别中的作用等问题的研究带来了丰富空间。本次实验是考察蒙古族大学生在听和看蒙古语（母语）、汉语（二语）单字两种不同的启动方式下，语音信息在蒙古语词汇识别和蒙古族大学生识别汉语词汇时的作用。

统计分析发现，蒙古族大学生识别母语词汇时，以听蒙古语单字为启动方式时，音同字的激活时间显著短于形似字、义近字和无关字的激活时间，义近字的激活时间早于形似字，无关字的激活时间最长，那么，蒙古语单字识别过程中音同字、形似字、义近字和无关字的激活顺序是音同字—义近字—形似字—无关字。以看蒙古语单字为启动方式时，音同字、形似字、义近字和无关字 4 个竞争字的激活顺序是不相同的，激活顺序是形似字—音同字—义近字—无关字。从本次实验可知，在不同的启动方式下，4 个竞争字的激活顺序是不一致的，但语音信息在词汇识别的早期和晚期加工中都起到了重要的中介作用，字义都是通过语音信息来获取的。因此，蒙古族大学生识别蒙古语单字时的通路支持了语音中介理论。蒙古族大学生在识别二语词汇时，若以听汉语单字为启动方式，音同字的加工时间显著短于形似字、义近字和无关字的加工时间，义近字的激活早于形似字，无关字的激活时间最长。那么，蒙古族大学生汉字识别过程中音同字、形似字、义近字和无关字 4 个竞争字的激活顺序是音同字—义近字—形似字—无关字。若以看汉语单字为启动方式，音同字、形似字、义近字和无关字 4 个竞争字的激活顺序则有所不同，形似字的激活时间显著短于音同字、义近字和无关字的激活时间，音同字的激活早于义近字，激活顺序是形似字—音同字—义近字—无关字。由上得出，蒙古族大学生识别第二语言词汇时，不同启动方式下的激活顺序有所不同，这是由于受到了母语和文字类型的影响。语音信息在第二语言词汇识别的早期和晚期加工中起到了重要的中介作用。蒙古族大学生识别第二语言单字时的通路也支持语音中介理论。

3.6.2 字形信息在汉语单字识别中的作用

在表意文字汉语中，字形特征对词汇识别有很大的影响，但与语音相比，在词汇识别中，获取意义时字形是否起到重要的作用呢？本次实验以汉族大学生听和看两种不同的启动方式，考察语音信息和形状信息在汉族大学生汉语单字识别中的作用。研究发现，以听汉语单字为启动方式时，音同字的激活最早，随后形似字和义近字才被激活，但形似字的激活早于义近字，无关字的激活时间最长。这表明，阅读者受到了启动方式的影响，无意识地扫视了音同字，但字义的激活还是通过字形的表征。也就是说，汉字识别过程中音同字、形似字、义近字和无关字激活的顺序是音同字—形似字—义近字—无关字。以看汉语单字为启动方式时，形似字的激活时间显著短于音同字、义近字和无关字，形似字是最先被激活的，随后通过字形表征的字义也直接被激活，这就是说，义近字的激活早于音同字，语音在单字识别这一过程中作用不大。那么，激活顺序就是形似字—义近字—音同字—无关字。从本次实验得出，不同启动方式下的激活顺序是不同的，也就是说，启动方式会影响单字识别的激活顺序。汉族大学生识别汉语单字时，形状信息在单字识别的早期和晚期加工中都起到了重要作用，而语音信息的激活只是个附加过程。汉族大学生识别汉语单字时的通路支持了直通道理论。

对蒙古族大学生和汉族大学生识别汉语单字时的眼动指标进行对比分析，发现在两种启动方式下，蒙古族大学生识别蒙古语音同字的早期和晚期激活时间都长于识别汉语单字的时间，注视次数也多于汉语单字的注视次数，所以说蒙古族大学生在识别汉语单字时受到了启动方式及母语文字类型的影响。识别汉语单字时，汉族大学生的首视时间、总阅读时间和注视次数等眼动指标都优于蒙古族大学生。从两者的对比分析结果可以得出，在两种启动方式下，蒙古族大学生识别蒙古语和汉语单字时，语音信息在词汇识别的早期和晚期加工中都起到重要的作用，都受到母语的影响。文字类型和启动方式的不同也导致了眼动指标和认知上的差异。汉族大学生的各项眼动指标都优于蒙古族大学生，说明蒙古族大学生的汉语水平有待提高，如提高汉语的学习能力和阅读水平、增加汉语词汇量。

获得字义是人们在阅读过程中的最基本任务，也是最终的目的。自词汇识别研究在国内外兴起以来，研究者都以英文为实验材料，广泛地探究语音信息的作用问题。随着社会科学技术的快速发展，这一研究领域的研究对象也发生变化，对典型的表意文字汉语有了不同角度的研究

第 3 章　蒙古族大学生蒙古语、汉语词汇识别的眼动研究

成果。本章结合传统的实验方法和现代新实验设备，对蒙古族大学生识别蒙古语和汉语单字时，语音信息和形状信息起到了什么样的作用进行了研究，得出了以下结论：在听和看两种不同启动方式下，蒙古族大学生识别蒙古语（母语）单字时，拼音文字的实验结果支持语音中介理论。蒙古族大学生识别汉语（第二语言）单字时，实验结果支持语音中介理论。受到母语的影响，蒙古族大学生识别母语和第二语言单字时，直接通过语音信息获取字的意义，在这一认知过程中语音信息起到了重要作用（图 3.21）。汉族大学生识别汉语（母语）单字时，表意文字的实验结果支持直通理论，汉族大学生识别母语单字时，通过字形获取单字的意义，在这一认知过程中形状信息起到了重要作用（图 3.21）。所以得出不同文字体系的母语者，在进行单字识别语言加工时，会有不同的认知方式。

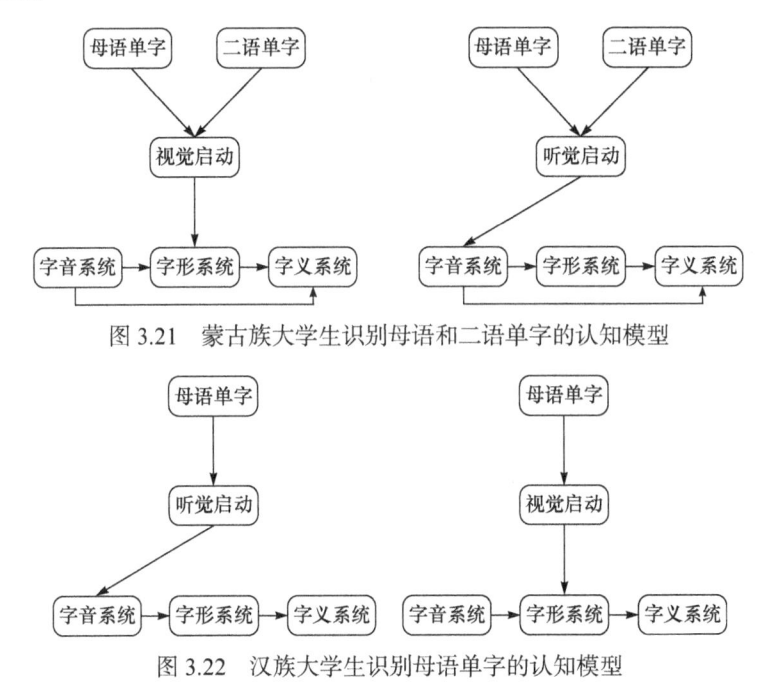

图 3.21　蒙古族大学生识别母语和二语单字的认知模型

图 3.22　汉族大学生识别母语单字的认知模型

本章以蒙古族大学生为被试，以蒙古语和汉语单字为实验材料，采

用眼动记录方法，对语音信息和形状信息在词汇识别中的作用进行了研究，得出蒙古族大学生识别母语词汇和第二语言词汇时的理论模型，这对在蒙古族大学生的教育教学中有一定的启示意义。蒙古族儿童在学习母语词语时，应注重对词语的读音教学，不能盲目地抄写词语；学习汉语词语时，应注重对词语的辨形教学，多分析字形。国内外许多研究都认为，阅读困难的发生源于语音意识的缺陷，所以语音信息在词汇识别中具有积极的作用。

第4章
蒙古族大学生阅读有无词边界汉语文本的眼动研究

蒙古语中存在着明显的词边界，即词与词之间存在空格。空格能清楚地将句子划分成一个个独立的词语单元，这样阅读时读者可以很容易地辨别出词语，进而对词进行视觉编码，激活心理词典的语义表征，最终达到语义通达。而汉语则不然，汉语属于汉藏语系，是世界上现存的语言中唯一的非拼音文字。汉语的句子由一连串连续的字和词组成，没有明显的词边界。汉字是音意结合的文字，字符较多，且字符与语言单位的对应不是一对一的，和拼音文字相比，要难写、难记一些。在文字的排版方式上，蒙古文以竖排形式呈现，而汉字以横排形式呈现。蒙古族大学生的母语为蒙古语，从小接受蒙古语的训练，在对母语的认知上可能会和汉语有差距。针对此疑问，苏娟等（2015）做过词切分在蒙古语阅读中的作用的研究，结果发现，空格为蒙古语的文本阅读提供了很好的词切分线索，但对于蒙古语阅读没有促进作用。那么，有、无词边界的汉语文本对蒙古族大学生来说是否会产生不同的影响呢？

本书根据句子难易程度，选取汉语短句和长句为实验材料，为了规避每个被试对句子的熟悉度不同可能产生的不同影响，本次实验选取的句子均为容易理解的陈述句。将每个句子以正常无空格、词间空格、字间空格和非词空格 4 种方式呈现，探讨蒙古族大学生在每种呈现方式下的汉语阅读眼动特征。在比较每种呈现方式下蒙古族大学生阅读汉语句子时的眼动特征的同时，将短句和长句分别以横排和竖排的排版方式呈现，比较在每种呈现方式下蒙古族大学生阅读不同排版方式下的句子的眼动特征，探讨在两种文字排版方式下蒙古族大学生的汉语阅读是否会有差异。按照蒙古语母语者的阅读习惯，依照蒙古文的排版方式将汉语竖排，句子从左到右排列，并以不同词边界的方式呈现，探讨母语阅读习惯是否会影响第二语言的阅读。

4.1 研究方法

4.1.1 被试

被试为 10 名西北民族大学蒙古语言文化学院的蒙古族大学生，他们均来自内蒙古自治区。其中，来自兴安盟的有 5 人，来自呼伦贝尔市的有 2 人，来自赤峰市的有 2 人，来自通辽市的有 1 人。裸眼或矫正视力 1.0 以上，没有色盲、色弱症状，阅读没有障碍。其中男生 4 人，女生 6 人，平均年龄为 24 岁。被试的母语均为蒙古语，且 MHK（中国少数民族汉语水平等级考试）都达到四级水平，确保被试的汉语水平不相上下。

4.1.2 实验设计

实验采用 4（文字模式：长句、短句、横排、竖排）×4（呈现方式：正常无空格、词间空格、字间空格、非词空格）双因素混合实验设计。

正常无空格（normal unspaced condition）即为汉语常见的格式，在字与字之间不存在空格；词间空格（word spacing condition）即在汉语句子中以每个词为单位插入空格；字间空格（single character spacing condition）即在汉语句子中以每个汉字为单位插入空格；非词空格（nonword spacing condition）即在汉语句子中人为地错误划分词，在划分的错误词之间插入空格。

4.1.3 实验材料

实验材料根据《汉语水平词汇与汉字等级大纲》（2001 年修订本）选取，自造 80 个陈述句。其中，横排和竖排短句各 20 个，字数控制在 13—16 个汉字（不含标点符号）；横排和竖排长句各 20 个，字数控制在 25—28 个汉字（不含标点符号）。在文字排版上，短句以一行或一列的形式呈现，长句以两行或两列的形式呈现；横排句子按照汉语的阅读习惯排列，竖排句子按照蒙古语母语者的阅读习惯从左到右排列。在呈现方式上，实验材料主要以正常无空格、词间空格、字间空格和非词空格 4 种方式呈现。具体见表 4.1 和表 4.2。

表 4.1　横排短句和横排长句的 4 种呈现方式

呈现方式	例句
正常无空格	我最爱的爸爸嘴角边常常挂着微笑
	没有人给我写信的日子，我时常无缘无故陷入莫名的伤感之中
词间空格	我 最爱 的 爸爸 嘴角 边 常常 挂着 微笑
	没有 人 给我 写信 的 日子,我 时常 无缘无故　陷入 莫名 的 伤感 之中
字间空格	我 最 爱 的 爸 爸 嘴 角 边 常 常 挂 着 微 笑
	没 有 人 给 我 写 信 的 日 子,我 时 常 无 缘 无 故 陷 入 莫 名 的 伤 感 之 中
非词空格	我 最 爱 的爸 爸嘴 角 边常 常挂 着微 笑
	没 有人给 我写 信的 日子,我 时 常无 缘无 故陷 入莫 名的伤 感 之 中

注：每个类型中上方句子为短句，下方句子为长句，表 4.2 同此

表 4.2 竖排短句和竖排长句的 4 种呈现方式

呈现方式	正常无空格	词间空格	字间空格	非词空格
例句	我最爱的奶奶眼睛里经常含着泪水 主陷入冷冷的孤寂之中，没有人陪我聊天的时候，我经常不由自	泪水 我最爱的奶奶 眼睛里 经常 含着 不由自主 陷入 冷冷的 孤寂之中，没有人陪我聊天的时候，我经常	含着泪水 我最爱的奶奶眼睛里经常 孤寂之中 经常不由自主陷入冷冷的没有人陪我聊天的时候，我	我最爱的奶奶眼睛里经常含着 泪水 没有人陪我聊天的时候，我经常不由自主陷入冷冷的孤寂之中

实验材料中所有句子按照拉丁方阵设计进行平衡，构成 3 组实验材料。其中，每组都包含横排短句、横排长句、竖排短句、竖排长句 4 个实验材料，每个材料都以一个 pdf 文档呈现。每个 pdf 文档中都有 28 个句子，其中 8 个句子为练习句子，每种呈现方式下有 2 个句子，并在每 2 个句子后附 1 个针对该句的提问；20 个句子为正式实验句子，每种呈现方式下有 5 个句子，且在每种呈现方式的句子后面都附 1 个问题，问题是针对刚刚读过的句子的，以考察被试是否真正理解了句子。如果问题与句子内容一致，被试口头报告"是"，不一致则报告"否"。因此，在正式实验材料中，每种呈现方式、每种文字排版方式下都有 4 个问题。3 组材料的问题都相同，且"是"和"否"的问题数目也相同。练习材料也同样针对每种条件下的一句话提出理解性问题，要求被试做出"是/否"的判断，以便被试进行练习，熟悉实验程序。每个被试只接受其中一组实验材料。

4.1.4 实验仪器

本次实验使用的仪器为德国 SMI 公司的 Hi-Speed 眼动仪。该仪器取样率为 1250 Hz，即以每秒 1250 次的速度记录被试阅读时的眼动数据，保证了更高的精度。该眼动仪配置由 iView PC 测试计算机和 Stimulus PC 图像显示计算机组成。iView PC 测试计算机控制整个实验，Stimulus PC 图像显示计算机作为材料呈示屏。全部实验材料以白底黑字呈现在屏幕上，每一屏呈现一个句子，短句占一行或一列，长句占两行或两列，所有汉字以宋体小初呈现。显示器与被试眼睛之间的距离为 90 cm。

4.1.5 实验程序

1）主试对每个被试单独进行实验。

2）主试向被试介绍实验目的、所用仪器、施测程序及注意事项，并对被试的疑问给予解答。

3）被试坐在眼动仪前的凳子上，坐正后将下颌放在下颌托上，眼睛与显示器的距离为 90 cm，被试在实验过程中尽量保持不动。如果实验中觉得眼睛疲劳，报告主试后可中断实验，稍作调整。

4）主试对被试进行眼校准，以保证被试眼动轨迹记录的精确性。

5）眼校准成功后，开始实验。屏幕上首先呈现指导语："请你认真阅读句子，尽可能理解句子的意思并回答有关问题。"在正式实验前，被试先阅读 8 个练习句，以熟悉实验过程和要求。被试每读完一句，按键盘右键翻页。练习结束后屏幕出现"练习结束，以下是正式实验"字样。被试按右键开始正式实验。完成全部实验需要 30—40 min。

4.1.6 信号采集

使用德国 SMI 公司的 Hi-Speed 眼动仪来对实验进行实时监控，采用 Experiment Center 软件记录下眼动的各项参数。实验选取 7 个眼动参数作为分析指标。

1）阅读时间：阅读者阅读整个句子的总时间，是反映阅读者对信息提取和加工的重要指标。

2）注视次数：阅读者阅读整个句子时注视点的总和。

3）总注视时间：阅读者注视点停留时间的总和。

4）平均注视时间：阅读者在注视点上注视停留时间的平均值（平均注视时间＝总注视时间÷注视点的个数）。

5）眼跳次数：阅读者阅读整个句子时眼睛从一个点到另一个点注视点运动次数的总和。

6）总眼跳幅度：阅读者阅读过程中所有眼跳幅度的总和。

7）平均眼跳幅度：阅读者阅读过程中所有眼跳幅度的平均值。

4.1.7 数据分析

数据分析软件主要为 BeGaze 分析软件和 SPSS 统计软件。

BeGaze 是功能强大的视点数据分析软件，可以记录实验数据并简化眼动数据分析，建立有针对性的图表。BeGaze 可以进行视点路径分析、线图分析、兴趣区顺序分析、凝视图分析、热区图分析、柱形图分析。在 BeGaze 中能够重放被试的眼动过程，在屏幕上显示注视点分析结果，并对注视点和路径数据的显示进行一一对应，这些分析都用图形显示，并生成相应的数据，如扫视、凝视及眨眼等。

SPSS 集数据录入、整理、分析功能于一身。SPSS 的基本功能包括数据管理、统计分析、图表分析和输出管理等。SPSS 兼容多种格式文件，可以在程序中直接输入数据，也可以从文本文件或电子表格、数据库中导入数据。SPSS 常见的统计分析功能有基本描述统计分析、相关分析、方差分析、参数与非参数检验、回归分析、聚类与判别分析、因子分析和主成分分析等，也有信度分析、多元方差分析等高级的统计分析功能。对于样本数据分析的输出结果，SPSS 用表和图的形式进行描述，可读性非常强。

4.2 蒙古族大学生阅读横排短句和竖排短句的眼动研究

当汉语句子以不同排版方式（横排、竖排）呈现，同时以正常无空格、词间空格、字间空格和非词空格 4 种呈现方式呈现时，蒙古族大学生阅读这样条件下的汉语短句的眼动特征会如何？呈现方式的不同是否会影响蒙古族大学生的汉语句子阅读？在同一呈现方式下，排版方式的不同是否会影响他们的汉语句子阅读？他们的母语阅读习惯是否会影响到汉语句子的阅读？针对这些疑问，本部分将对蒙古族大学生阅读汉语横排短句和竖排短句进行眼动研究，主要考察蒙古族大学生阅读 4 种呈现方式下的横排短句和竖排短句的眼动特征，并对同一呈现方式下的横排短句和竖排短句的眼动差异进行比较。在进行眼动参数比较分析时，本部分主要选取了阅读时间、注视次数、总注视时间、眼跳次数和平均眼跳幅度 5 个参数。

4.2.1 汉语短句阅读的正确率

在汉语短句的实验研究中，每个被试要阅读 40 个句子，即 20 个横排短句，20 个竖排短句。每种排版方式下又有 4 种呈现方式，即每 20 个句子中有 5 个正常无空格句子、5 个词间空格句子、5 个字间空格句子、5 个非词空格句子。每种呈现方式后面都有一个问题呈现，即 20 个句子中共有 4 个问题，短句中共有 8 个问题。现将 10 个被试阅读句子时在每种排版方式和每种呈现方式下回答问题的正确数汇总在一张表中，具体见表 4.3。

表 4.3 蒙古族大学生阅读横排短句和竖排短句时回答问题的正确率统计结果

项目		呈现方式				总计	
		正常无空格	词间空格	字间空格	非词空格	正确数/个	正确率/%
横排/个		10	8	10	8	36	90
竖排/个		9	10	10	10	39	97.5
总计	正确数/个	19	18	20	18	—	—
	正确率/%	95	90	100	90	—	—

通过观察表 4.3 我们可以发现，蒙古族大学生在阅读每种呈现方式下的横排短句和竖排短句时，他们回答问题的正确率都比较高，且每种呈现方式之间的差异不显著。每种排版方式下蒙古族大学生回答问题的正确率也都较高，且横排短句和竖排短句之间的差异不显著。在回答每种呈现方式下的问题时，可能是句子本身或个体的差异导致结果出错。但在整体上，蒙古族大学生在阅读句子时对句意有较好的理解，从阅读过程中获取的眼动参数也真实可靠。

4.2.2 各项眼动参数的分析

分别对句子排版方式和呈现方式进行重复测量方差分析，结果见表 4.4。

表 4.4 蒙古族大学生阅读横排短句和竖排短句的整体参数（平均值和标准差）

项目		呈现方式			
		正常无空格	词间空格	字间空格	非词空格
阅读时间/ms	横排	4048（1503）	4171（1034）	4133（874）	4027（1501）
	竖排	4483（1588）	4322（1549）	4678（1668）	4706（1512）
注视次数/次	横排	14.5（4.8）	14.6（3.4）	14.8（3.5）	14.6（5.1）
	竖排	14（3.6）	13（4.0）	14.7（5.2）	15.1（4.8）
总注视时间/ms	横排	3164（1225）	3138（668）	3195（717）	3190（1325）
	竖排	3627（1383）	3545（1302）	3802（1573）	3808（1264）

第4章 蒙古族大学生阅读有无词边界汉语文本的眼动研究

续表

项目		呈现方式			
		正常无空格	词间空格	字间空格	非词空格
眼跳次数/次	横排	12.4（4.5）	12.1（3.5）	12.7（3.3）	12.9（4.8）
	竖排	12（3.5）	11（4.3）	12（4.8）	13.5（4.8）
平均眼跳幅度/(°)	横排	3.3（0.9）	3.4（2.2）	4（1.5）	4（1.7）
	竖排	2.4（0.7）	2.3（0.8）	2.5（0.9）	2.6（0.9）

4.2.2.1 阅读时间

由表 4.4 可知，蒙古族大学生阅读 4 种呈现方式下的汉语横排短句的平均阅读时间分别为 4048 ms、4171 ms、4133 ms 和 4027 ms。在 4 种呈现方式下，蒙古族大学生阅读汉语横排短句的阅读时间排序为词间空格＞字间空格＞正常无空格＞非词空格。用 SPSS19.0 对蒙古族大学生阅读 4 种呈现方式下的汉语横排短句阅读时间进行重复测量方差分析，结果显示，呈现方式主效应不显著（$F = 0.161$，$p = 0.903 > 0.05$）。对 4 种呈现方式分别进行配对样本 t 检验，结果发现，对于横排短句，每种呈现方式下的阅读时间差异均不显著（$p > 0.05$）。蒙古族大学生的母语为蒙古语，但从小就开始学习汉语，在日常学习及生活中也可以很自如地使用两种语言。横排短句字数为 13—16 个汉字，随着空格的插入，句子长度会逐渐发生变化。结果发现，虽然 4 种呈现方式下句子长度不一，但它们之间阅读时间的差异并不显著。这表明，呈现方式对蒙古族大学生的阅读没有明显的促进或阻碍作用，说明他们具备一定水平的汉语阅读能力。

如图 4.1 所示，蒙古族大学生阅读 4 种呈现方式下的汉语竖排短句的阅读时间分别为 4483 ms、4322 ms、4678 ms 和 4706 ms。蒙古族大学生阅读竖排短句的平均阅读时间排序为非词空格＞字间空格＞正常无空格＞词间空格。对蒙古族大学生阅读 4 种呈现方式下的竖排短句的阅读时间进行重复测量方差分析，结果发现，呈现方式主效应不显著（$F = 0.836$，$p = 0.47 > 0.05$）。对 4 种呈现方式分别进行配对样本 t 检验，结果发现，对于竖排短句，每种呈现方式下的阅读时间差异均不显著（$p > 0.05$）。这说明在竖排短句的阅读中，呈现方式对他们的阅读没有产生显著影响，这进一步说明蒙古族大学生的汉语阅读水平相对较高。

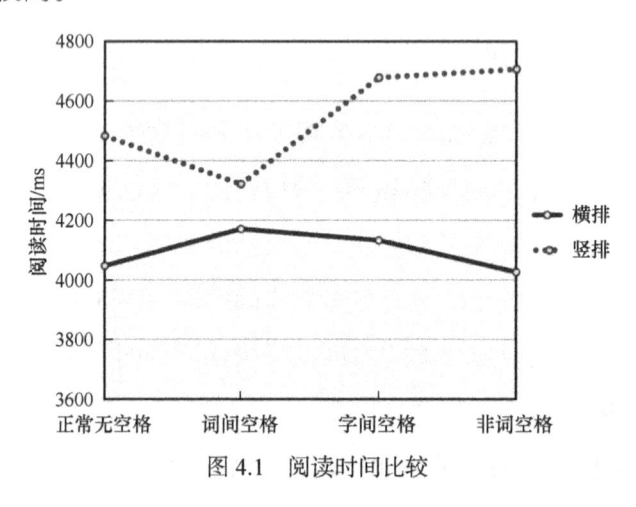

图 4.1　阅读时间比较

如表 4.4 所示，在 4 种呈现方式下，蒙古族大学生阅读横排短句的时间均少于竖排短句的时间。分别对蒙古族大学生阅读每种呈现方式下的横排短句和竖排短句的阅读时间参数进行配对样本 t 检验，结果发现，在正常无空格条件下，蒙古族大学生阅读横排短句和竖排短句的时间差异不显著（$p = 0.159 > 0.05$）；在词间空格条件下，蒙古族大学生阅读横排短句和竖排短句的时间差异不显著（$p = 0.524 > 0.05$）；在字间空格条件下，蒙古族大学生阅读横排短句和竖排短句的时间差异显著（$p = 0.037 < 0.05$）；在非词空格条件下，蒙古族大学生阅读横排短句和竖排短句的时间差异极其显著（$p = 0.001 <$

第 4 章 蒙古族大学生阅读有无词边界汉语文本的眼动研究

0.01）。观察图 4.1 发现，在同一种呈现方式下，蒙古族大学生阅读竖排短句的时间均大于横排短句。在正常无空格条件和词间空格条件下，蒙古族大学生阅读横排短句和竖排短句的时间差异不显著，说明蒙古族大学生可以适应正常条件下的汉语阅读和以词为单位的阅读。当句子以字间空格和非词空格呈现时，对不同的排版方式材料的阅读时间不一致，当句子以竖排形式呈现时，加大了蒙古族大学生的汉语阅读难度。

4.2.2.2 注视次数

如图 4.2 所示，蒙古族大学生阅读 4 种呈现方式下的横排短句的注视次数分别为 14.5 次、14.6 次、14.8 次和 14.6 次。对蒙古族大学生阅读 4 种呈现方式下的横排短句的注视次数进行重复测量方差分析，结果显示，呈现方式主效应不显著（$F = 0.024$，$p = 0.993 > 0.05$）。对 4 种呈现方式分别进行配对样本 t 检验，结果发现，对于横排短句，每种呈现方式下的注视次数差异均不显著（$p > 0.05$）。这说明在 4 种呈现方式下，蒙古族大学生阅读横排短句的难度差异不显著。

如图 4.2 所示，蒙古族大学生阅读 4 种呈现方式下的竖排短句的注视次数分别为 14 次、13 次、14.7 次和 15.1 次。对蒙古族大学生阅读 4 种呈现方式下的竖排短句的注视次数进行重复测量方差分析，结果显示，呈现方式主效应不显著（$F = 2.207$，$p = 0.092 > 0.05$）。对 4 种呈现方式分别进行配对样本 t 检验，结果发现，蒙古族大学生在正常无空格和字间空格条件下的注视次数无显著差异（$p > 0.05$），在词间空格与非词空格条件下注视次数差异显著（$p < 0.05$）。汉语以词为单位呈现时，在一定程度上减轻了蒙古族大学生的汉语阅读难度，而以非词空格形式呈现时，在一定程度上加大了蒙古族大学生的汉语阅读难度。

对蒙古族大学生阅读每种呈现方式下的横排短句和竖排短句的注视

次数分别进行配对样本 t 检验，结果发现，在正常无空格条件下，蒙古族大学生阅读横排短句和竖排短句的注视次数差异不显著（$p = 0.563 > 0.05$）；在词间空格条件下，蒙古族大学生阅读横排短句和竖排短句的注视次数差异显著（$p = 0.034 < 0.05$）；在字间空格条件下，蒙古族大学生阅读横排短句和竖排短句的差异不显著（$p > 0.05$）；在非词空格条件下，蒙古族大学生阅读横排短句和竖排短句的差异不显著（$p > 0.05$）。观察图 4.2，比较蒙古族大学生在词间空格条件下的注视次数，发现竖排短句的注视次数少于横排短句，且二者差异显著，说明在词间空格条件下，竖排句子较横排更利于蒙古族大学生的阅读。在其他呈现条件下，横排短句和竖排短句的差异则不显著，说明排版方式对蒙古族大学生的注视次数影响不显著。

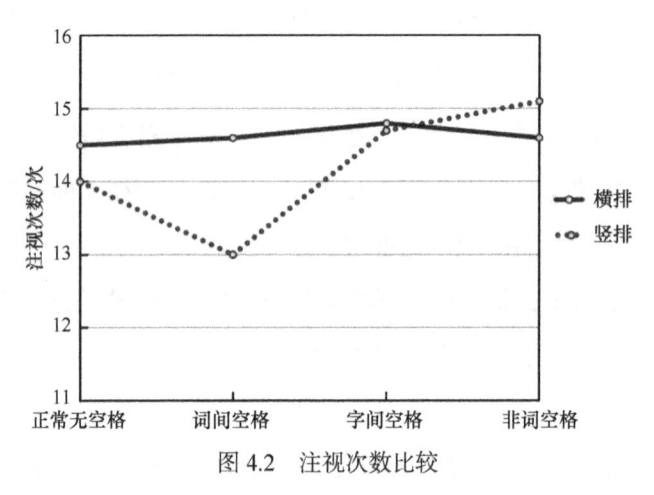

图 4.2 注视次数比较

4.2.2.3 总注视时间

如图 4.3 所示，蒙古族大学生阅读 4 种呈现方式下的横排短句的总注视时间分别为 3164 ms、3138 ms、3195 ms 和 3190 ms。他们阅读横排短句的注视时间排序为字间空格＞非词空格＞正常无空格＞词间空格。对蒙古族大学生阅读横排短句的总注视时间进行重复测量方差分析，结

第 4 章 蒙古族大学生阅读有无词边界汉语文本的眼动研究

果发现，呈现方式主效应不显著（$F = 0.038$，$p = 0.981 > 0.05$）。对 4 种呈现方式分别进行配对样本 t 检验，结果发现，蒙古族大学生在 4 种呈现方式下的横排短句阅读中总注视时间的差异均不显著（$p > 0.05$）。这说明 4 种呈现方式对蒙古族大学生横排短句的加工难度没有产生显著影响。

蒙古族大学生阅读 4 种呈现方式下的竖排短句的总注视时间分别为 3627 ms、3545 ms、3802 ms 和 3808 ms（图 4.3）。他们阅读竖排短句的注视时间排序为非词空格＞字间空格＞正常无空格＞词间空格。对蒙古族大学生 4 种呈现方式下阅读竖排短句的总注视时间进行重复测量方差分析，结果发现呈现方式主效应不显著（$F = 0.562$，$p = 0.621 > 0.05$）。对 4 种呈现方式分别进行配对样本 t 检验，结果发现，4 种呈现方式下的总注视时间差异不显著（$p > 0.05$）。这说明蒙古族大学生在阅读竖排短句时，呈现方式的不同对他们对汉语句子的加工难度没有产生显著影响。

对蒙古族大学生阅读各种呈现方式下的横排短句和竖排短句的总注视时间分别进行配对样本 t 检验，结果发现，在正常无空格条件下，蒙古族大学生阅读横排短句和竖排短句的总注视时间差异不显著（$p = 0.071 > 0.05$）；在词间空格条件下，蒙古族大学生阅读横排短句和竖排短句的总注视时间差异显著（$p = 0.045 < 0.05$）；在字间空格条件下，蒙古族大学生阅读横排短句和竖排短句的总注视时间差异显著（$p = 0.017 < 0.05$）；在非词空格条件下，蒙古族大学生阅读横排短句和竖排短句的总注视时间差异极其显著（$p = 0.001 < 0.01$）。观察图 4.3，比较蒙古族大学生阅读横排短句和竖排短句的总注视时间，发现竖排短句的总注视时间长于横排短句。在词间空格、字间空格和非词空格条件下，蒙古族大学生阅读汉语横排短句和竖排短句的总注视时间差异显著，说明在这 3 种呈现方式下，蒙古族大学生对竖排短句的加工难度长于横排短句；而在正常无空格条件下，二者差异不显著，但是竖排短句的总注视时间长于横排短句，也进一步说明蒙古族

大学生对竖排短句的加工难度大于横排短句。

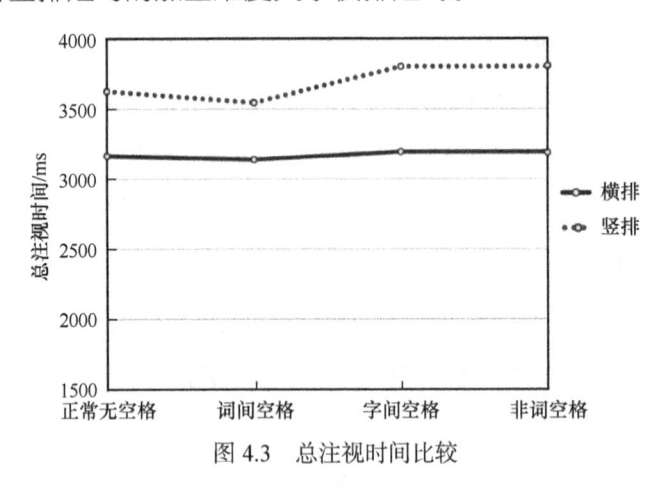

图 4.3　总注视时间比较

4.2.2.4　眼跳次数

如图 4.4 所示，蒙古族大学生阅读 4 种呈现方式下的横排短句的眼跳次数分别为 12.4 次、12.1 次、12.7 次和 12.9 次。对蒙古族大学生阅读 4 种呈现方式下的横排短句的眼跳次数进行重复测量方差分析，结果发现呈现方式主效应不显著（$F = 0.337$，$p = 0.796 > 0.05$）。对 4 种呈现方式分别进行配对样本 t 检验，结果发现，蒙古族大学生阅读 4 种呈现方式下横排短句的眼跳次数差异不显著（$p > 0.05$）。这说明呈现方式对蒙古族大学生阅读汉语句子的难度没有产生显著影响。

如图 4.4 所示，蒙古族大学生阅读 4 种呈现方式下的竖排短句的眼跳次数分别为 12 次、11 次、12 次和 13.5 次。对蒙古族大学生阅读 4 种呈现方式下的竖排短句的眼跳次数进行重复测量方差分析，结果发现呈现方式主效应显著（$F = 3.12$，$p = 0.032 < 0.05$）。对 4 种呈现方式分别进行配对样本 t 检验，结果发现，在词间空格和非词空格条件下，眼跳次数差异极其显著（$p = 0.006 < 0.01$），在正常无空格和字间空格条件下眼跳次数差异不显著（$p > 0.05$）。这说明在竖排短句中，蒙古族大学生

第 4 章 蒙古族大学生阅读有无词边界汉语文本的眼动研究

对非词空格的加工难度大于词间空格,词间空格有利于蒙古族大学生对汉语句子的加工,非词空格在一定程度上阻碍了他们的阅读。

对蒙古族大学生阅读各种呈现方式下的横排短句和竖排短句的眼跳次数参数分别进行配对样本 t 检验,结果发现,在正常无空格条件下,蒙古族大学生阅读横排短句和竖排短句的眼跳次数差异不显著($p = 0.594 > 0.05$);在词间空格条件下,蒙古族大学生阅读横排短句和竖排短句的眼跳次数差异不显著($p = 0.104 > 0.05$);在字间空格条件下,蒙古族大学生阅读横排短句和竖排短句的眼跳次数差异不显著($p = 0.611 > 0.05$);在非词空格条件下,蒙古族大学生阅读横排短句和竖排短句的眼跳次数差异不显著($p = 0.340 > 0.05$)。在每种呈现方式下,蒙古族大学生阅读横排短句和竖排短句时的眼跳次数差异不显著。观察图 4.4 并结合表 4.4 发现,在 4 种呈现方式下,蒙古族大学生阅读汉语横排短句和竖排短句的眼跳次数差异不大,方差分析的结果也是如此,说明对于蒙古族大学生来说,横排短句和竖排短句的加工难度比较一致。

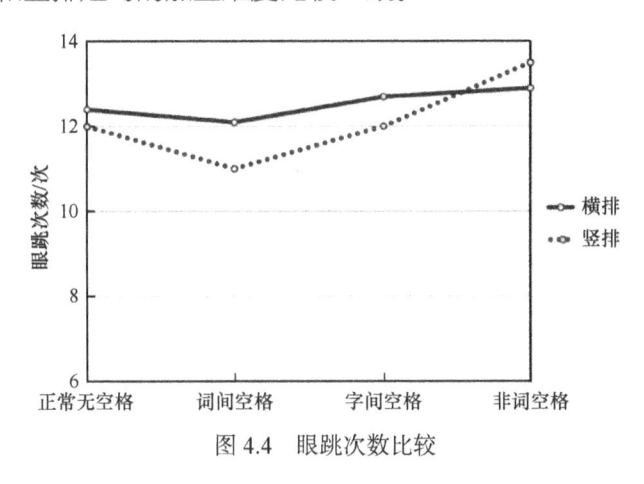

图 4.4 眼跳次数比较

4.2.2.5 平均眼跳幅度

如图 4.5 所示,蒙古族大学生阅读 4 种呈现方式下的横排短句的平均眼跳幅度分别为 3.3°、3.4°、4°和 4°。对蒙古族大学生阅读横排短句的平均眼跳幅度进行重复测量方差分析，结果发现，蒙古族大学生阅读4种呈现方式下的横排短句主效应极显著（$F=3.458$，$p=0.028<0.05$）。对4种呈现方式下的平均眼跳幅度分别进行配对样本 t 检验，结果发现，正常无空格与字间空格之间差异极其显著（$p=0.007<0.01$）；正常无空格与非词空格之间差异极其显著（$p=0.001<0.01$）；其他交叉呈现条件下差异不显著。蒙古族大学生阅读4种呈现方式下的横排短句时，正常无空格和词间空格条件下的平均眼跳幅度小于字间空格和非词空格条件下的平均眼跳幅度。该结果表明，随着句子中空格的插入，句子的密度发生变化，蒙古族大学生阅读时的眼跳幅度也会随之发生变化。正常无空格与字间空格条件下的平均眼跳幅度差异极其显著，因为字间空格条件下插入的空格数量大，在一定的知觉广度下，句子的信息量小，蒙古族大学生需增大眼跳幅度才能获得有用的信息；正常无空格与非词空格间条件下的平均眼跳幅度差异极其显著，非词空格条件下句子中插入了一定数量的空格，在一定的知觉广度下，句子的信息量较小，读者需增大眼跳幅度来获取信息，因此眼跳幅度比正常无空格的大；而词间空格在一定程度上促进了蒙古族大学生的阅读，因此在平均眼跳幅度上，正常无空格和词间空格间的差异不显著。

如图4.5所示，蒙古族大学生阅读4种呈现方式下的竖排短句的平均眼跳幅度分别为2.4°、2.3°、2.5°和2.6°。对蒙古族大学生阅读4种呈现方式下的竖排短句的平均眼跳幅度进行重复测量方差分析，结果发现，呈现方式主效应不显著（$F=1.457$，$p=0.229>0.05$）。对4种呈现方式分别进行配对样本 t 检验，结果发现，在4种呈现方式下，平均眼跳幅度差异不显著（$p>0.05$）。

对蒙古族大学生阅读各种呈现方式下的横排短句和竖排短句的平均眼跳幅度分别进行配对样本 t 检验，结果发现，在正常无空格条件下，蒙

第4章 蒙古族大学生阅读有无词边界汉语文本的眼动研究

古族大学生阅读横排短句和竖排短句的平均眼跳幅度差异极其显著（$p = 0.000 < 0.01$）；在词间空格条件下，蒙古族大学生阅读横排短句和竖排短句的平均眼跳幅度差异极其显著（$p = 0.003 < 0.01$）；在字间空格条件下，蒙古族大学生阅读横排短句和竖排短句的平均眼跳幅度差异极其显著（$p = 0.000 < 0.01$）；在非词空格条件下，蒙古族大学生阅读横排短句和竖排短句的平均眼跳幅度差异极其显著（$p = 0.000 < 0.01$）。比较蒙古族大学生每种呈现方式下的平均眼跳幅度（图4.5）发现，竖排短句的平均眼跳幅度小于横排短句的平均眼跳幅度，且两种排版方式下的平均眼跳幅度差异都极其显著。竖排短句虽按照蒙古族大学生的母语阅读习惯排列，但他们从小学习汉语，且汉语水平相对较高，他们已经适应了汉语的阅读习惯。当句子以横排方式呈现时，句子的长度不一致，信息密度也不一样，蒙古族大学生在一定的知觉广度下所获取的信息量也不一样，因此呈现方式影响了蒙古族大学生的句子阅读。当句子以竖排方式呈现时，句子呈现的高度不一致，且不符合汉语阅读的习惯，使蒙古族大学生在4种方式下对句子的加工较相近，平均眼跳幅度差异不显著。

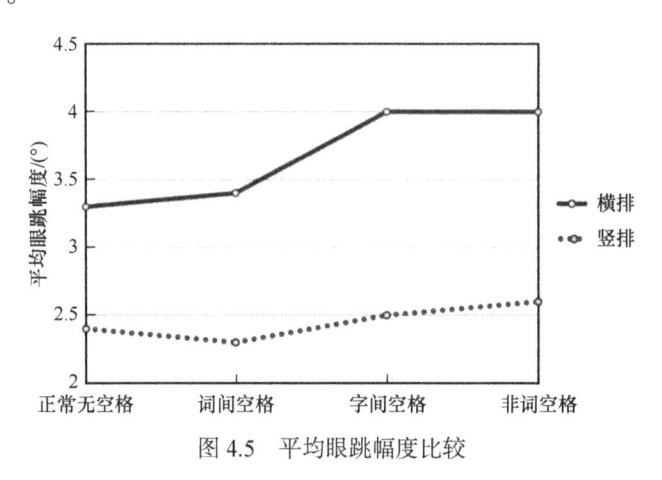

图4.5 平均眼跳幅度比较

4.2.3 分析与讨论

本部分对蒙古族大学生阅读横排短句和竖排短句的眼动特征进行了分析,主要选取了阅读时间、注视次数、总注视时间、眼跳次数、平均眼跳幅度5个眼动参数,分别对蒙古族大学生阅读横排短句和竖排短句的眼动参数进行了比较分析。

4.2.3.1 眼动参数比较分析

(1)阅读时间

蒙古族大学生阅读横排短句时,4种呈现方式下的阅读时间差异不显著,说明呈现方式对蒙古族大学生横排短句的阅读没有促进或阻碍作用。蒙古族大学生阅读竖排短句时,4种呈现方式下的阅读时间差异不显著,说明呈现方式对蒙古族大学生竖排短句的阅读没有促进或阻碍作用。在阅读时间的总体差异上,横排短句的阅读时间短于竖排短句,其中,在正常无空格条件和词间空格条件下,蒙古族大学生阅读横排短句和竖排短句的差异不显著,在字间空格条件下差异显著,在非词空格条件下差异极其显著。

(2)注视次数

蒙古族大学生阅读横排短句时,4种呈现方式下的注视次数差异不显著。蒙古族大学生阅读竖排短句时,4种呈现方式下的注视次数差异不显著。在4种呈现方式下的注视次数上,词间空格和非词空格条件下蒙古族大学生阅读横排短句和竖排短句的差异显著,正常无空格条件和字间空格条件下蒙古族大学生阅读横排短句和竖排短句的差异性不显著。

(3)总注视时间

蒙古族大学生在阅读横排短句时,4种呈现方式下的总注视时间差异不显著。蒙古族大学生阅读竖排短句时,4种呈现方式下的总注视时

第 4 章 蒙古族大学生阅读有无词边界汉语文本的眼动研究

间差异不显著。在横排短句和竖排短句的总注视时间上,蒙古族大学生阅读横排短句的总注视时间短于竖排短句,其中,在正常无空格条件下,蒙古族大学生阅读横排短句和竖排短句的差异不显著,而词间空格和字间空格条件下差异显著,非词空格条件下差异极其显著。

(4)眼跳次数

蒙古族大学生阅读横排短句时,4 种呈现方式下的眼跳次数差异不显著。蒙古族大学生阅读竖排短句时,呈现方式主效应显著,其中,在词间空格和非词空格条件下,眼跳次数差异极其显著,在正常无空格和字间空格条件下差异不显著。对于眼跳次数,蒙古族大学生阅读 4 种呈现方式下的横排短句和竖排短句的差异性不显著。

(5)平均眼跳幅度

蒙古族大学生阅读横排短句时,呈现方式主效应极其显著,正常无空格和字间空格条件下平均眼跳幅度差异极其显著,正常无空格与非词空格条件下差异极显著。蒙古族大学生阅读竖排短句时,4 种呈现方式下的平均眼跳幅度差异不显著。在平均眼跳幅度的差异上,蒙古族大学生阅读横排短句的平均眼跳幅度大于竖排短句,在每种呈现方式下,蒙古族大学生阅读横排短句和竖排短句的差异性极其显著。

4.2.3.2 小结

蒙古族大学生从小学习汉语,且和汉族人交流较多,具备充分的汉语语言环境,他们的汉语水平普遍较高。当汉语短句以正常无空格、词间空格、字间空格和非词空格 4 种呈现方式呈现时,蒙古族大学生在阅读句子时,呈现方式在一定程度上并未对他们的汉语句子加工理解造成困难。词间空格为汉语句子提供了很好的词切分线索,会促进阅读者对句子的切分,但是对阅读并没有产生显著影响。而人为地错误划分词后,虽在视觉上对汉语句子的阅读产生影响,但是对于蒙古族大学生的句子理解，这种非词空格形式没有产生显著影响。

蒙古族大学生的母语为以竖排方式呈现的蒙古语，第二语言为以横排方式呈现的汉语，但在阅读汉语横排和竖排短句时，他们的眼动差异较小。总体上看，蒙古族大学生在阅读横排短句和竖排短句时，对他们来说二者的加工难度较一致。在蒙古族大学生的汉语学习过程中，他们一直接触的都是汉语横排形式，虽然以竖排形式呈现汉语时符合他们的母语阅读习惯，但是实验结果表明二者相差并不大。这说明，蒙古族大学生已经适应了汉语的阅读模式，当汉语以竖排形式呈现时，并没有显著地促进他们的阅读。

4.3 蒙古族大学生阅读横排长句和竖排长句的眼动研究

本部分以汉语长句为实验材料，当汉语长句以不同排版方式（横排、竖排），同时以正常无空格、词间空格、字间空格和非词空格 4 种呈现方式呈现时，蒙古族大学生阅读这样的条件下的汉语长句眼动特征会如何？呈现方式是否会影响他们对汉语句子的阅读？在同一呈现方式下，排版方式的不同是否会影响他们的阅读？他们的母语阅读习惯是否会影响到对汉语长句的阅读？针对这些疑问，本部分对蒙古族大学生阅读汉语横排长句和竖排长句进行了眼动研究，主要考察 4 种呈现方式下蒙古族大学生阅读横排长句和竖排长句的眼动特征，并对同一呈现方式下阅读横排长句和竖排长句的眼动差异进行比较。在进行眼动参数比较分析时，本部分主要选取阅读时间、注视次数、总注视时间、眼跳次数和平均眼跳幅度 5 个参数。

4.3.1 汉语长句阅读的正确率

在汉语长句实验中,每个被试要阅读 40 个句子,即 20 个横排长句、20 个竖排长句。每种排版方式下又有 4 种呈现方式,即在每 20 个句子中,有 5 个正常无空格句子、5 个词间空格句子、5 个字间空格句子、5 个非词空格句子。在每种呈现方式后面都有一个问题呈现,即 20 个句子中共有 4 个问题,所有长句中共有 8 个问题。现将 10 名被试阅读句子时在每种排版方式和每种呈现方式下回答问题的正确数汇总在一张表中,具体见表 4.5。

表 4.5 蒙古族大学生阅读横排长句和竖排长句时回答问题的正确率统计结果

项目		呈现方式				总计	
		正常无空格	词间空格	字间空格	非词空格	正确数/个	正确率/%
横排/个		9	10	9	10	38	95
竖排/个		10	10	10	9	39	97.5
总计	正确数/个	19	20	19	19	—	—
	正确率/%	95	100	95	95	—	—

观察表 4.5 可以发现,蒙古族大学生阅读各种呈现方式下的横排长句和竖排长句时,他们回答问题的正确率都比较高,且每种呈现方式之间的差异不显著。在各种排版方式下,蒙古族大学生回答问题的正确率也都较高,且横排长句和竖排长句之间的差异不显著。这说明蒙古族大学生在阅读句子时对句意有较好的理解,阅读过程中获取的眼动参数也真实可靠。

4.3.2 各项眼动参数的分析

对不同句子排版方式和呈现方式下的各项眼动参数进行重复测量方差分析,结果见表 4.6。

表4.6 蒙古族大学生阅读横排长句和竖排长句的整体参数结果（平均值和标准差）

项目		呈现方式			
		正常无空格	词间空格	字间空格	非词空格
阅读时间/ms	横排	6783（3050）	6433（3073）	6757（3133）	7283（2023）
	竖排	7166（2919）	7168（1397）	7234（3156）	7273（3639）
注视次数/次	横排	25.4（13.1）	22.8（10.7）	24.1（10.9）	27（7）
	竖排	23.1（9.5）	22.1（3.9）	22.8（10.5）	23.5（11.5）
总注视时间/ms	横排	5271（2824）	4884（2350）	5279（2710）	5655（1587）
	竖排	5776（2531）	5769（1242）	5713（2559）	5696（2973）
眼跳次数/次	横排	22.8（11.9）	20.6（12.3）	21.6（9.2）	23.3（6.5）
	竖排	19.9（9.4）	18.9（3.9）	20（10.2）	21.4（11.8）
平均眼跳幅度/(°)	横排	4.4（2.1）	4.3（1）	4.3（0.9）	4.2（1.1）
	竖排	2.9（1.1）	2.5（0.8）	3.2（2.2）	3.1（1.2）

4.3.2.1 阅读时间

如图4.6所示，蒙古族大学生在阅读横排长句时，4种呈现方式下的阅读时间分别为6783 ms、6433 ms、6757 ms和7283 ms。在4种呈现方式下，蒙古族大学生阅读横排长句的时间排序为非词空格＞正常无空格＞字间空格＞词间空格。对蒙古族大学生阅读4种呈现方式下的横排长句进行重复测量方差分析，结果发现，呈现方式主效应不显著（$F = 0.854$，$p = 0.458 > 0.05$）。对4种呈现方式分别进行配对样本 t 检验，结果发现，4种呈现方式之间的差异不显著（$p > 0.05$）。这说明呈现方式的不同并未对蒙古族大学生汉语长句的阅读产生影响，进一步说明他们的汉语阅读水平较高。

如图4.6所示，蒙古族大学在阅读竖排长句时，4种呈现方式下的阅读时间分别为 7166 ms、7168 ms、7234 ms 和 7273 ms。他们阅读竖排长句的时间排序为非词空格＞字间空格＞词间空格＞正常无空格。对蒙古族大学生阅读 4 种呈现方式下的竖排长句的时间进行重复测量方差分析，结果发现，呈现方式主效应不显著（$F = 0.017$，$p = 0.992 > 0.05$）。对 4 种呈现方式分别进行配对样本 t 检验，结果发现，在 4 种呈现方式下，阅读时间差异不显著（$p > 0.05$）。这说明呈现方式的不同并未对蒙古族大学生的竖排长句阅读产生影响，他们的汉语阅读水平较高。

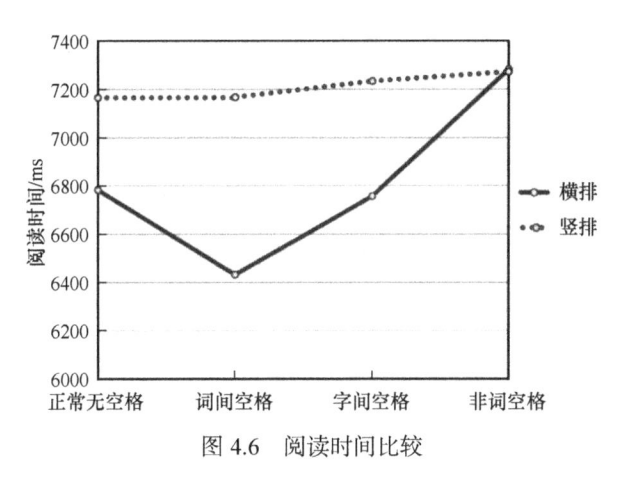

图 4.6 阅读时间比较

对蒙古族大学生在每种呈现方式下的横排长句和竖排长句的阅读时间分别进行配对样本 t 检验，结果发现，在正常无空格条件下，蒙古族大学生阅读横排长句和竖排长句的差异不显著（$p = 0.434 > 0.05$）；在词间空格条件下，蒙古族大学生阅读横排长句和竖排长句的差异不显著（$p = 0.116 > 0.05$）；在字间空格条件下，蒙古族大学生阅读横排长句和竖排长句的差异性不显著（$p = 0.488 > 0.05$）；在非词空格条件下，蒙古族大学生阅读横排长句和竖排长句的差异不显著（$p = 0.987 > 0.05$）。观察图 4.6，蒙古族大学生在阅读横排长句时，词间空格句子所用的阅读时间最短，非词空格所用的阅读时间最长；在阅读竖排长句时，每种呈现方式下的句子阅读时间相差较小。总体比较，蒙古族大学生阅读竖排长句的时间长于阅读横排长句的时间，但其差异不显著。蒙古族大学生汉语水平较高，当汉语句子以横排形式排列时符合汉语阅读者的阅读习惯，当汉语句子以蒙古语的竖排形式排列时在一定程度上影响了蒙古族大学生的汉语阅读。

4.3.2.2 注视次数

如图 4.7 所示，蒙古族大学生阅读 4 种呈现方式下的横排长句时的注视次数分别为 25.4 次、22.8 次、24.1 次和 27.0 次，注视次数的排序为非词空格＞正常无空格＞字间空格＞词间空格。对蒙古族大学生阅读 4 种呈现方式下的横排长句的注视时间进行重复测量方差分析，结果发现，呈现方式主效应不显著（$F=1.602$，$p=0.192＞0.05$）。对 4 种呈现方式分别进行配对样本 t 检验，结果发现，词间空格与非词空格呈现方式间差异显著（$p=0.015＜0.05$），其他呈现方式下的注视次数差异不显著（$p＞0.05$）。词间空格将句子划分为以词为单位的句子，在一定程度上促进了蒙古族大学生的阅读，而人为地错误划分句子结构在一定程度上阻碍了蒙古族大学生的阅读。蒙古族大学生阅读 4 种呈现方式下的竖排长句时的注视次数分别为 23.1 次、22.1 次、22.8 次和 23.5 次。他们阅读竖排长句的注视时间排序是非词空格＞正常无空格＞字间空格＞词间空格。对竖排长句的注视次数参数进行重复测量方差分析，结果发现，呈现方式主效应不显著（$F=0.226$，$p=0.848＞0.05$）。对 4 种呈现方式分别进行配对样本 t 检验，结果发现，4 种呈现方式下的注视次数差异均不显著（$p＞0.05$）。这说明蒙古族大学生阅读竖排长句时，呈现方式的不同不会对蒙古族大学生的阅读产生显著影响。

对蒙古族大学生阅读各种呈现方式下的横排长句和竖排长句的注视次数参数分别进行配对样本 t 检验，结果发现，在正常无空格条件下，蒙

第4章 蒙古族大学生阅读有无词边界汉语文本的眼动研究

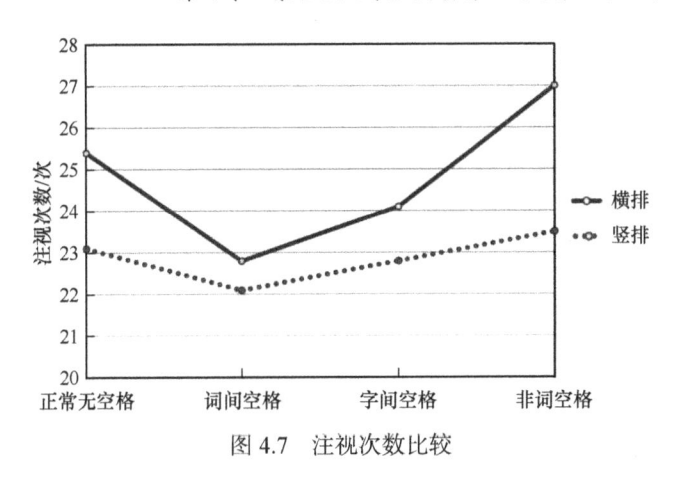

图 4.7 注视次数比较

古族大学生阅读横排长句和竖排长句的注视次数差异不显著（$p = 0.207 > 0.05$）；在词间空格条件下，蒙古族大学生阅读横排长句和竖排长句的注视次数差异不显著（$p = 0.635 > 0.05$）；在字间空格条件下，蒙古族大学生阅读横排长句和竖排长句的注视次数差异不显著（$p = 0.565 > 0.05$）；在非词空格条件下，蒙古族大学生阅读横排长句和竖排长句的注视次数差异不显著（$p = 0.078 > 0.05$）。观察图 4.7，蒙古族大学生阅读各种呈现方式下的横排长句的注视次数均多于竖排长句，且数据走向基本一致。在词间空格条件下，横排长句和竖排长句的注视次数最少，在非词空格条件下，横排长句和竖排长句的注视次数最多，但是差异都不显著。这说明词间空格在一定程度上促进了蒙古族大学生的阅读，非词空格在一定程度上阻碍了蒙古族大学生的阅读，但是这种促进或阻碍作用不显著，这进一步表明蒙古族大学生的汉语阅读水平较高。

4.3.2.3 总注视时间

如图 4.8 所示，蒙古族大学生阅读 4 种呈现方式下的横排长句的总注视时间分别为 5271 ms、4884 ms、5279 ms 和 5655 ms。在总注视时间上，4 种呈现方式下总注视时间的排序为非词空格＞字间空格＞正常无空格＞词间空格。对蒙古族大学生阅读 4 种呈现方式下的横排长句进行重复测量方差分析，结果发现，呈现方式主效应不显著（$F = 0.998$，$p = 0.392 > 0.05$）。对 4 种呈现方式分别进行配对样本 t 检验，结果发现，词间空格与非词空格呈现方式之间差异显著（$p = 0.035 < 0.05$），其他呈现条件间差异不显著。观察图 4.8，发现在横排长句中，词间空格条件下的总注视时间显著短于非词空格，说明词间空格促进了蒙古族大学生的阅读：在非词空格条件下，蒙古族大学生需要反复多次注视才能理解句子，说明非词空格对蒙古族大学生的汉语句子理解形成了一定的阻碍。

如图 4.8 所示，蒙古族大学生阅读 4 种呈现方式下的竖排长句的总注视时间分别为 5776 ms、4884 ms、5279 ms、5655 ms。4 种呈现方式下的注视时间排序为正常无空格＞词间空格＞字间空格＞非词空格。对蒙古族大学生阅读 4 种呈现方式下的竖排长句的总注视时间进行重复测量方差分析，结果发现，呈现方式主效应不显著（$F = 0.015$，$p = 0.994 > 0.05$）。对 4 种呈现方式分别进行配对样本 t 检验，结果发现，在 4 种呈现方式下，总注视时间的差异不显著（$p > 0.05$）。观察图 4.8，发现在竖排长句中，4 种呈现方式下的总注视时间差异不大，说明在竖排的排版形式下，呈现方式的不同对蒙古族大学生的汉语句子阅读没有产生显著影响。

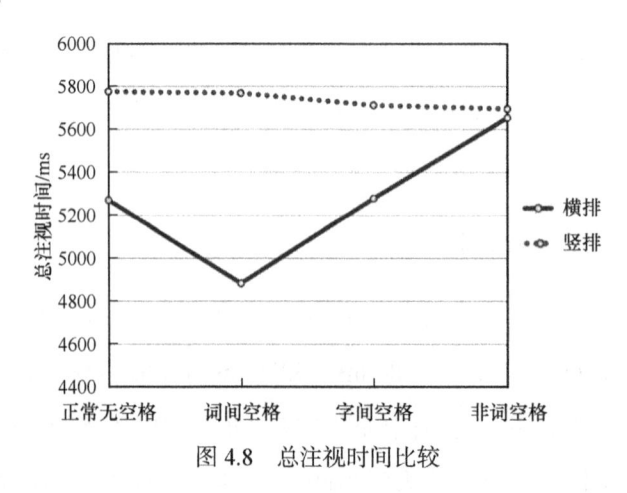

图 4.8 总注视时间比较

第4章 蒙古族大学生阅读有无词边界汉语文本的眼动研究

对蒙古族大学生阅读各种呈现方式下的横排长句和竖排长句的总注视时间分别进行配对样本 t 检验，结果发现，在正常无空格条件下，蒙古族大学生阅读横排长句和竖排长句的总注视时间差异不显著（$p = 0.236 > 0.05$）；在词间空格条件下，蒙古族大学生阅读横排长句和竖排长句的总注视时间差异显著（$p = 0.012 < 0.05$）；在字间空格条件下，蒙古族大学生阅读横排长句和竖排长句的总注视时间差异不显著（$p = 0.443 > 0.05$）；在非词空格条件下，蒙古族大学生阅读横排长句和竖排长句的总注视时间差异不显著（$p = 0.936 > 0.05$）。词间空格条件中对汉语句子进行了很好的词切分，在这种呈现方式下，蒙古族大学生阅读横排长句和竖排长句时的总注视时间差异显著，他们对横排长句的加工较竖排长句容易，这反映了词间空格促进了他们对句子的理解。

4.3.2.4 眼跳次数

如图4.9所示，蒙古族大学生阅读4种呈现方式下的横排长句的眼跳次数分别为22.8次、20.6次、21.6次和23.3次。4种呈现方式下的眼动次数排序为非词空格＞正常无空格＞字间空格＞词间空格。对蒙古族大学生阅读4种呈现方式下的横排长句的眼跳次数进行重复测量方差分析，结果发现，呈现方式主效应不显著（$F = 0.789$，$p = 0.499 > 0.05$）。对4种呈现方式分别进行配对样本 t 检验，结果发现，每种呈现方式之间差异不显著（$p > 0.05$）。这说明呈现方式的不同没有对蒙古族大学生阅读横排长句的难度产生显著影响。

如图4.9所示，蒙古族大学生阅读在种呈现方式下的竖排长句的眼跳次数分别为19.9次、18.9次、20次和21.4次。4种呈现方式下的眼跳次数排序为非词空格＞字间空格＞正常无空格＞词间空格。对蒙古族大学生阅读4种呈现方式下的竖排长句进行重复测量方差分析，结果发现，呈现方式主效应不显著（$F = 0.687$，$p = 0.537 > 0.05$）。对4种呈现方式

分别进行配对样本 t 检验，结果发现，在 4 种呈现方式下，眼跳次数的差异均不显著（$p>0.05$）。这说明在竖排长句中，呈现方式的不同并未对蒙古族大学生的句子理解产生显著影响。

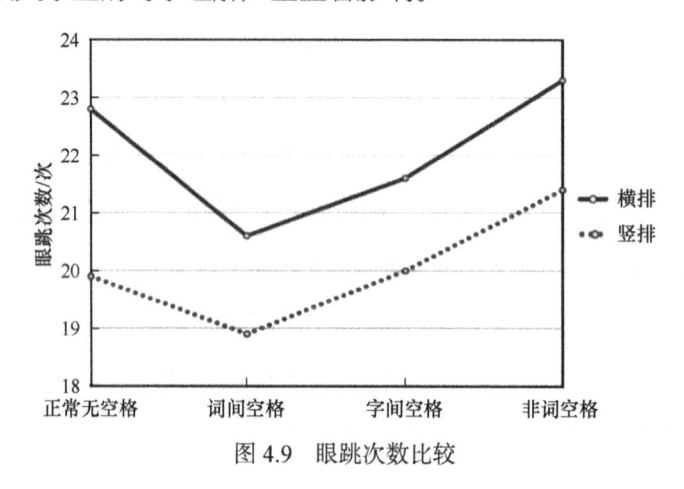

图 4.9 眼跳次数比较

对蒙古族大学生阅读各种呈现方式下的横排长句和竖排长句的眼跳次数分别进行配对样本 t 检验，结果发现，在正常无空格条件下，蒙古族大学生阅读横排长句和竖排长句的眼跳次数差异不显著（$p=0.105>0.05$）；在词间空格条件下，蒙古族大学生阅读横排长句和竖排长句的眼跳次数差异不显著（$p=0.350>0.05$）；在字间空格条件下，蒙古族大学生阅读横排长句和竖排长句的眼跳次数差异不显著（$p=0.445>0.05$）；在非词空格条件下，蒙古族大学生阅读横排长句和竖排长句的眼跳次数差异不显著（$p=0.336>0.05$）。观察图 4.9，发现蒙古族大学生阅读各种呈现方式下的横排长句的眼跳次数均多于竖排长句，且数据走向基本一致，词间空格条件下眼跳次数最少，非词空格条件下眼跳次数最多，但是二者差异不显著。这说明蒙古族大学生的汉语阅读水平较高，排版方式的不同没有对他们的汉语句子理解产生显著影响。

第 4 章　蒙古族大学生阅读有无词边界汉语文本的眼动研究

4.3.2.5　平均眼跳幅度

如图 4.10 所示，蒙古族大学生阅读 4 种呈现方式下的横排长句的平均眼跳幅度分别为 4.4°、4.3°、4.3°和 4.2°。对蒙古族大学生阅读 4 种呈现方式下的横排长句的平均眼跳幅度进行重复测量方差分析，结果发现，呈现方式主效应不显著（$F = 0.343$，$p = 0.722 > 0.05$）。对 4 种呈现方式分别进行配对样本 t 检验，结果发现，在每种呈现方式之间差异不显著（$p > 0.05$）。在 4 种呈现方式下，横排长句间的句子密度不一致，但是实验文档都呈现为两行，没有很大的跳跃性，说明在横排长句中，句子密度对蒙古族大学生的句子理解没有产生显著影响，即呈现方式没有对蒙古族大学生的句子理解产生显著影响。

如图 4.10 所示，蒙古族大学生阅读 4 种呈现方式下的竖排长句的平均眼跳幅度分别为 2.9°、2.5°、3.2°和 3.1°。对蒙古族大学生阅读 4 种呈现方式下的竖排长句的平均眼跳幅度进行重复测量方差分析，结果发现，呈现方式主效应不显著（$F = 2.603$，$p = 0.076 > 0.05$）。对 4 种呈现方式分别进行配对样本 t 检验，结果发现，词间空格和字间空格条件下平均眼跳幅度差异显著（$p = 0.028 < 0.05$）；词间空格和非词空格条件下平均眼跳幅度差异极其显著（$p = 0.004 < 0.01$）；其他呈现条件间差异不显著（$p > 0.05$）。正常无空格的句子符合汉语阅读的正常习惯，句子密度信息较大；词间空格和非词空格竖排长句中插入相同数量的空格，句子密度基本一致，字间空格条件下插入的空格数量较多，但是实验文档的呈现同其他呈现方式一致，都为两列，非词空格和字间空格的平均眼跳幅度都大于词间空格，说明被试在字间空格和非词空格条件下所获取的信息量较词间空格少，也进一步说明了词间空格促进了蒙古族大学生的汉语阅读。

对蒙古族大学生阅读各种呈现方式下的横排长句和竖排长句的平均眼跳幅度分别进行配对样本 t 检验，结果发现，在正常无空格条件下，蒙古族大学生阅读横排长句和竖排长句的平均眼跳幅度差异极其显著

（$p = 0.000 < 0.01$）；在词间空格条件下，蒙古族大学生阅读横排长句和竖排长句的平均眼跳幅度差异极其显著（$p = 0.000 < 0.01$）；在字间空格条件下，蒙古族大学生阅读横排长句和竖排长句的平均眼跳幅度差异极其显著（$p = 0.004 < 0.01$）；在非词空格条件下，蒙古族大学生阅读横排长句和竖排长句的平均眼跳幅度差异极其显著（$p = 0.000 < 0.01$）。在各种呈现方式下，蒙古族大学生阅读横排长句和竖排长句的平均眼跳幅度差异极其显著。如图4.10，在各种呈现方式下，竖排长句的平均眼跳幅度小于横排长句，说明蒙古族大学生对竖排长句的加工难度大于横排长句。

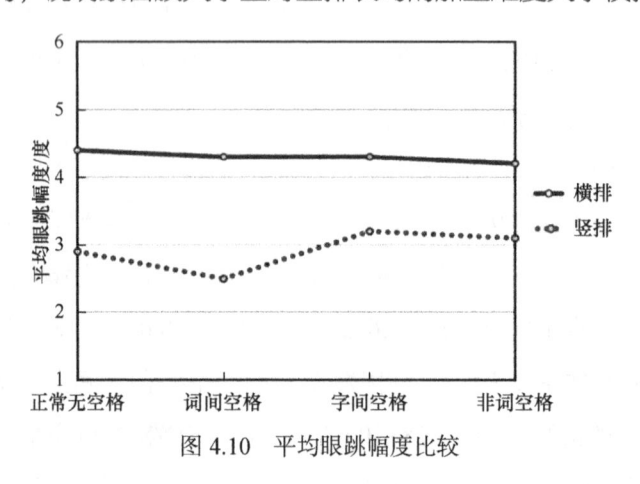

图4.10 平均眼跳幅度比较

4.3.3 分析与讨论

本部分对蒙古族大学生阅读横排长句和竖排长句的眼动特征进行了分析，主要选取阅读时间、注视次数、总注视时间、眼跳次数、平均眼跳幅度5个眼动参数，分别对蒙古族大学生阅读横排长句和竖排长句的眼动参数进行比较分析。

4.3.3.1 眼动参数比较分析

（1）阅读时间

蒙古族大学生阅读横排长句时，4种呈现方式下的阅读时间差异不

第4章 蒙古族大学生阅读有无词边界汉语文本的眼动研究

显著。蒙古族大学生在阅读竖排长句时,4 种呈现方式下的阅读时间差异不显著。在阅读时间的差异上,蒙古族大学生阅读 4 种呈现方式下的横排长句和竖排长句的时间差异不显著。

(2)注视次数

蒙古族大学生在阅读横排长句时,呈现方式主效应不显著,词间空格和非词空格条件间差异显著,其他呈现方式间差异不显著。蒙古族大学生在阅读竖排长句时,4 种呈现方式下的注视次数差异不显著。在注视次数的差异上,蒙古族大学生阅读 4 种呈现方式下的横排长句和竖排长句的差异不显著。

(3)总注视时间

蒙古族大学生在阅读横排长句时,呈现方式主效应显著,词间空格和非词空格条件间总注视时间差异显著,其他呈现条件间差异不显著。蒙古族大学生在阅读竖排长句时,4 种呈现方式下的总注视时间差异不显著。在总注视时间的差异上,蒙古族大学生阅读 4 种呈现方式下的横排长句和竖排长句的差异不显著。

(4)眼跳次数

蒙古族大学生在阅读横排长句时,4 种呈现方式下的眼跳次数差异不显著。蒙古族大学生在阅读竖排长句时,4 种呈现方式下的眼跳次数差异不显著。在眼跳次数的差异上,蒙古族大学生阅读 4 种呈现方式下的横排长句和竖排长句的差异不显著。

(5)平均眼跳幅度

蒙古族大学生在阅读横排长句时,4 种呈现方式下的平均眼跳幅度差异不显著。蒙古族大学生在阅读竖排长句时,呈现方式主效应显著,词间空格和字间空格条件间差异显著,词间空格和非词空格条件间差异极其显著。在平均眼跳幅度的差异上,蒙古族大学生阅读横排长句的平均眼跳幅度大于竖排长句,4 种呈现方式下蒙古族大学生阅读横排长句和竖排长句的差异性都极其显著。

4.3.3.2 小结

蒙古族大学生接触汉语的时间较长，而且有充分的汉语语言环境，汉语水平普遍较高。当汉语长句以正常无空格、词间空格、字间空格和非词空格4种方式呈现时，蒙古族大学生在阅读横排长句和竖排长句时，呈现方式的不同没有对蒙古族大学生的汉语句子理解产生显著影响，在一些具体的眼动参数上，每种呈现方式下的参数会有一些差异。研究发现，蒙古族大学生在词间空格条件下的阅读都优于其他3种呈现方式，但是这种优越性并不显著。词间空格为蒙古族大学生的阅读提供了很好的词切分线索，使其在阅读句子时可以很快地对句子进行划分，但是在对句意的理解上没有显著的促进作用，这点同蒙古族大学生阅读汉语短句时的情况是一致的。非词空格在句子中表现为错误的词空格，非词空格句子阅读的差异主要表现在横排长句中，竖排长句中非词空格的差异不显著。这可能是因为蒙古族大学生适应了横排句子阅读，当句子以4种方式呈现时，蒙古族大学生会在大脑中形成认知，对句子的词切分方式做出处理；而竖排长句不符合常用汉语文本的排版方式，使蒙古族大学生在阅读时有一定障碍，4种呈现方式下的加工差异不是很显著，只是词间空格条件下的阅读相对优于其他条件。

4.4　综合讨论与展望

4.4.1　综合讨论

本次实验对蒙古族大学生阅读有无词边界的汉语文本进行了眼动研究。实验选取了汉语长句和短句为实验材料，并采用正常无空格、词间空格、字间空格和非词空格4种呈现方式，研究蒙古族大学生在不同呈

第 4 章 蒙古族大学生阅读有无词边界汉语文本的眼动研究

现方式下的眼动特征。此外，本章也对不同的排版方式阅读进行了研究。本次实验以横排和竖排 2 种排版形式呈现实验材料，研究蒙古族大学生阅读每种呈现方式下的横排句子和竖排句子的眼动差异。

蒙古族大学生从小学习汉语，接触汉语较多，而且有良好的汉语语言环境。他们可以在日常生活中随时切换蒙古语和汉语，汉语水平较高。研究发现，无论蒙古族大学生在阅读长句还是短句，在每种呈现方式下，他们对句子阅读时间和理解的差异不显著。在不同呈现方式下，随着空格数量的增加，眼跳幅度出现了变化。每种呈现方式下的句子密度不一致，正常无空格的句子密度最大，信息量最大，字间空格的句子密度最小，信息量也最小，词间空格和非词空格的句子密度一致，信息量也一致。研究发现，在一定的知觉广度下，蒙古族大学生在阅读信息量大的文本时倾向做出较小的眼跳幅度，在阅读信息量小的文本时则倾向做出较大的眼跳幅度，以获取更多的信息。研究发现，在不同的呈现方式下，插入词间空格为蒙古族大学生的阅读提供了很好的词切分线索，利于他们的阅读，而插入非词空格在一定程度上阻碍了蒙古族大学生对词的切分，但是没有对句子的快速理解产生显著的阻碍作用。这说明，插入词间空格能够清楚地将句子划分成一个个独立的单元，使阅读者很容易在汉语文本中辨析出词，进而对词进行视觉编码，激活心理词典的语义表征，最终达到语义通达。

在不同的排版方式下，蒙古族大学生阅读横排句子时的各项眼动特征优于阅读竖排句子，这点在长句阅读中表现得比较明显。当竖排句子按照他们的母语阅读习惯从左到右呈现时，与横排句子相比，并没有起到显著的促进作用，反而在一定程度了加大了他们的阅读难度。这说明，他们的母语阅读习惯没有影响到对汉语的学习与阅读，他们已然完全适应了汉语的阅读习惯。有学者曾比较了外国来华留学生在阅读横排版和竖排版中文材料时的眼动特征，他们的研究发现，在阅读速度上，外国来华留学生在阅读竖排版材料时比阅读横排版材料时略有优势,这种差异可能是由眼动机制的生理原因造成的。蒙古族大学生与外国来华留学生最大的差异在于汉语水平的高低。蒙古族大学生从小接触汉语,而外国来华留学生接触汉语较晚,在对汉语的运用与理解上,蒙古族大学生优于外国来华留学生。因此在排版方式上,蒙古族大学生在阅读横排句子时略优于竖排句子(Sun et al,1985)。

4.4.2 结论

通过考察蒙古族大学生阅读有无词边界汉语文本发现:

1)蒙古族大学生从小学习汉语,且有良好的汉语语言环境,他们的汉语水平普遍较高。当汉语文本以4种方式呈现时,他们在对句子的加工理解上差异并不显著。

2)蒙古族大学生阅读4种呈现方式下的汉语句子时,正常无空格和字间空格的汉语句子对其阅读未产生促进或阻碍作用;词间空格很清晰地将汉语句子划分成一个个独立单元,为蒙古族大学生对汉语句子词汇的识别提供了很好的词切分线索。相反,人为地错误划分词边界对蒙古族大学生的汉语句子词汇识别有一定的阻碍作用,但是在对二者的阅读上差异不显著。

3)蒙古族大学生在阅读2种排版形式下的句子时,他们对于横排句子的阅读略优于竖排句子,这点在长句的阅读中表现得比较明显。这说明,蒙古族大学生在阅读较大难度的汉语文本时,更倾向横排方式的阅读。虽然竖排句子是按照他们的母语阅读习惯进行排列的,但是他们的母语阅读习惯并没有影响到汉语阅读。相反,他们已经完全适应了汉语的阅读模式。

4)鉴于在汉语文本中插入词边界有利于蒙古族大学生对词语的切分,有利于他们的阅读,建议今后在对蒙古族大学生汉语初级教材进

第4章 蒙古族大学生阅读有无词边界汉语文本的眼动研究

行排版时,改变现有的排版方式,在文本中插入词边界,以提高他们的汉语学习效率。

本次实验对蒙古族大学生阅读有无词边界汉语文本的眼动特征进行了研究,但实验选取的被试数量较少,实验样本数量有限。在今后的相关实验研究中,笔者将进一步完善被试数量和实验样本数量,力求所取得的实验数据更科学、更准确。实验选取的被试虽都来自内蒙古自治区,但是地区数量有限,不能涵盖每个地区的蒙古族。而在蒙古族的汉语教学中,可能存在地区差异,蒙古族大学生的汉语掌握程度也不大一致,若能针对每个地区不同年龄层次的蒙古族群众进行研究,实验结果将更近完善,也对内蒙古地区或其他地区的蒙古族的汉语教学具有一定的借鉴作用。

目前学术界对中文阅读词切分的研究较多,但是大部分研究集中在对外国来华留学生的研究上,国内对少数民族阅读汉语词切分文本的研究对象主要是维吾尔族和藏族大学生,对蒙古族大学生阅读不同词切分方式下汉语文本的研究较少。本次实验采用先进的眼动技术,从呈现方式和排版形式两方面对蒙古族大学阅读汉语短句和长句进行研究,在一定程度上能揭示蒙古族大学生的汉语阅读特点和他们的第二语言认知方式,在研究上具有先进性。在竖排文本的选取上,本次实验按照蒙古族大学生的母语阅读习惯,将竖排文本从左到右排列。但是我们都知道,古代的汉语是以从右到左的顺序排列的。在今后的研究中,若能对两种竖排文本进行比较,则能更进一步揭示出蒙古族大学生对汉语的认知方式,进而探讨他们的母语认知方式有没有影响到第二语言学习。

第 5 章
基于 ERP 的蒙古族大学生蒙汉英三语关系认知研究

　　蒙汉英三语现象的普遍使对三语人认知机制的研究成为语言认知研究的热点，也使三语研究的相关问题从双语研究的范畴中独立出来，拓展、细化了认知研究的领域。中国少数民族众多，在与国际接轨的过程中涌了现越来越多能够同时使用本民族语言、汉语普通话以及英语进行交流的少数民族三语人。蒙古族三语人就是十分具有特色的代表人群，三语人的不同之处在于掌握了三种不同语言，这些语言在语音、文字书写方式、语法结构等方面都具有极大的差异。本章从视觉和听觉的角度设计了 4 组认知心理实验，研究蒙古族三语人的第三语言学习与母语和汉语之间的关系，并分析了三种语言在认知过程中呈现的相关问题。研究使用 ERP 技术同步记录生理和心理信息，分析大脑加工进程。想要重点探讨蒙汉英词汇的语义信息激活的时间进程、母语及第二语言对第三语言的影响，以及蒙古族三语人的认知机制。蒙古族大学生的语义加工集中在 430 ms 时间段附近，而且文字材料的加工难度比语音材料大，说

第 5 章　基于 ERP 的蒙古族大学生蒙汉英三语关系认知研究

明第三语言受到母语的思维习惯影响,因此在语义通达时必须要经过语音加工的过程。

三语研究对语言理论的建构工作有重要意义。Chomsky 等语言学家在对一种语言的深入研究方面取得了伟大成果,包括语言规律的发现归纳及语言理论假设的提出等。双语的研究,不仅是语言理论范围的扩展,而且更是语言普遍性理解的加深过程。发展到三语研究阶段,语言理论与语言之间不再是"并行"(two-way street)联系,而是进入了更加复杂的、既包括向纵向深入研究同时又向横向扩展的研究阶段。与双语研究不同的是,三语研究既需要考察语言的普遍适应性又要考察其局限性。这样看来,三语的研究能够为语言理论的建构提供新途径,其重要性与必要性显而易见。三语研究刚刚从双语研究中独立出来,很多语言间的加工问题亟待解决。举例来说,第三语言的获得(third language acquisition)极有可能不同于母语的习得(first language acquisition)甚至也不与第二语言的获得(second language acquisition)相近。究其原因可能是语言间相互作用的结果。社会的高速发展使双语、三语甚至多语人不断涌现,对其认知机制的研究普遍获得关注。尽管目前并没有形成系统性研究,但随着相关研究的不断开展,三语研究工作成果将促进理论的不断发展,形成良性循环。这也是语言研究者所期望的结果。

先前研究已取得的成就主要集中在双语词汇表征方面。研究者通过大量的研究数据和资料信息,从神经心理学及认知语言学角度出发,对存在的问题提出了自己的理解与解答。然而这些研究多以拼音文字为实验内容,刺激也多通过视觉途径呈现。因此,对掌握蒙古语、汉语、英语这三种完全不同语系与文字系统的三语人的研究具有特殊的意义。蒙汉英三语人的脑内语言组织方式、语言加工方式及进程、语言转换机制、认知策略等都是本章将要讨论的内容。此外,不同语言认知加工策略的不同会造成脑神经机制的不同。从这种意义上来说,通过对蒙古族三语人认知机制的研究，对比其语言加工异同，找寻蒙古族三语人对三种不同语言获得的规律，有利于蒙古族语言学习者排除母语干扰因素，加速母语外语言的习得，合理利用语言正迁移的影响，提高语言的学习效率。

5.1 基于英文的蒙汉英对译词与非对译词识别研究

5.1.1 实验思路与设计

视觉系统的文字输入是有效获取信息的方式之一，而三语认知加工又是语言学研究的重点。不同的文字系统拥有不同的视觉呈现模式，因此，探索蒙古族三语人首先应该区别其视觉呈现模式。在书写系统中存在三种符号化文字的方式，即字母、音节或者意义（会意字）。英文与蒙古文使用字母系统，在这个系统中，符号与音素接近。然而，汉语属于现存的最接近会意系统的语言，因为汉字除了能够表示词素外也可以表示音素，其字母和发音之间有时缺乏对应关系，这会让拼写学习更加困难。本次实验采用的实验材料包括蒙、汉、英文字中具有相同意义及心理表征的词和不同意义的词。选择蒙、英翻译专业的大学生作为研究被试，他们熟悉传统教学方式，语言熟悉程度良好。实验任务是语义判断任务，即判断启动词与目标词的语义是否一致，其中启动词与目标词分属不同语言。脑电信号由 64 导脑电帽进行实时记录，为后期分析加工与认知提供资料。

5.1.1.1 被试选择

实验选取了 10 名蒙古族大学生作为被试，其中女性 6 人，男性 4 人。他们的平均年龄在 25 岁上下，裸眼视力及矫正视力达到正常标准。被试的母语是蒙古语，第二语言为汉语，且学习时间大致从小学阶段起（10

岁左右），第三语言为英语，且学习时间开始于大学时期（18岁左右）。被试英语水平达到大学英语四级的标准，在三种语言下都能正常进行听、说、读、写。

5.1.1.2 实验材料

按照文字材料的语言类型，实验分为英文—蒙古文、英文—中文两组。每一类型文字实验分为36组对译词和36组非对译词，对译词与非对译词呈现的概率相等。实验使用的蒙古文、中文、英文词汇皆为单字，所有实验均以英文词汇作为启动词汇。词汇经过熟悉度测试后，剔除生僻字，保存词频适中的词汇，最大限度地减少词频对实验结果的影响。

5.1.1.3 实验设计

实验采用经典的 Go-Nogo 实验范式。该实验范式的特点是呈现两种不同类型的刺激。与 Oddball 实验的区别在于，这两种刺激出现的概率是相同的，而不是分为大概率事件（标准刺激）和小概率事件（目标刺激）。靶刺激，即 Go 刺激，需要被试做出判断反应（如按键），而 Nogo 刺激则无须被试做出判断反应。该设计的优势不仅在于能够很大程度地节省实验时间，而且能够相应地排除概率因素对 ERP 的影响。

实验设计为单因素，并按照语言种类将实验材料分为蒙古文、中文、英文三个水平。每组实验由72个词对组成，其中语义相等的对译词与语义不相等的非词对各36对。词对的呈现顺序是随机的，并做被试间平衡设计。实验启动词皆为英语词汇，按照实验目的分为英文—蒙古文、英文—中文两组进行。

5.1.1.4 实验准备与记录

实验准备工作包括仪器连接、启动及被试佩戴脑电帽和调试电极等。在此之后，让被试坐于电脑屏幕正前方0.5 m—1 m处的椅子上。首先，呈现实验的要求与注意事项（如尽量不要摇摆头部和身体、使用鼠标或键盘完成任务等）。接下来需要检测注视点。确定无误后实验正式开始，实验刺激开始呈现。实验所用文字字号统一，字体按蒙、中、英的顺序分别为 Mongolian Baiti、宋体及新罗马体，文字刺激呈现于屏幕水平与垂直方向的居中位置。被试的行为任务是对呈现的启动词与目标词之间是否有语义对等做出判断，以测定被试注视刺激词汇后是否实现了词语的通达。利用鼠标的左右键完成判断。反应时长不超过 2500 ms，超时后计算机会自动呈现下一个刺激。实验前让被试熟悉实验流程，每组实验后设置 2—3 min 的休息时间。

实验程序依靠 stm2 软件和 E-prime 软件编写完成，包括记录下反应时长与错误率在内的行为数据以备后续分析对比。依靠 64 导脑电仪及放大器完成 EEG 的收集，头皮电压不超过 5000 Ω，参考电极设定为中心点。为消除眼电伪迹的影响，需要在双目上下安置记录眼电的电极。此外，滤波带通设为 0.1—100 Hz，后进行低通滤波（30 Hz 左右）。经过离线处理（消除伪迹、时间分段、叠加平均、总平均等步骤）后记录到的数据可以得到总波形图。

5.1.1.5 数据分析

数据分析所需要的数据包含行为数据，即反应时与错误率、ERP 数据。ERP 数据分析的时间段设为 1000 ms，其中基线设为刺激呈现前的 100 ms，刺激呈现 900 ms。主要分析的 ERP 成分是 P300 与 N400 两种。分析统计从潜伏期、波幅等方面展开。

5.1.2 实验结果

5.1.2.1 行为数据及分析

实验任务中被试反应时间的长短与判断正确率的高低是行为数据的

第5章 基于ERP的蒙古族大学生蒙汉英三语关系认知研究

两项重点参照指标,从语言认知的角度显示了被试对刺激是否理解及理解程度的高低。本次实验结果可见图5.1和图5.2。从图5.1中可得,在文字判断任务的反应时方面,首先比较不同语言间的差异,可以看出英文—中文的平均反应时为589 ms,远远小于英文—蒙古文的平均反应时(787 ms),反应时间差为200 ms左右。结果直接显示了从计时统计上看,蒙古族大学生被试在文字刺激材料下,从第三语言(英文)到第二语言(中文)间的反应时长要短于第三语言(英文)到第一语言(蒙古文)间的反应时长,说明对以蒙古语为母语的被试来说前者的判断加工难度小于后者。可以做出的初步判断是,虽然英文与被试的母语同属拼音文字,彼此有很多相似之处,但是蒙古族大学生的第三语言(英语)的学习方式是依靠第二语言,即汉语的方式习得的,也可以总结为,以蒙古语为母语者第三语言的习得更多地依靠第二语言的习得,而非母语。其次,对比不同的刺激材料类型,发现两种语言语义对等时的反应时长皆短于语义不对等时的反应时长。其中,具体来看,实验材料为英文—中文的对译词反应时比不对译词的反应时约短100 ms,而实验材料为英文—蒙古文的对译词反应时比不对译词的反应时约短75 ms。这说明,当两种语言间词汇的语义关系不对等、不一致时,会增加判断难度,因此被试需要更多的时间进行思考和判断。从得出的标准差数据来看,差值最小的是被试对于语义对等的英文—蒙古文材料的判断,为40.10;而差值最大的达到48.09,为被试对语义不对等的英文—中文材料的判断。标准差显示的是被试间判断所用时间的差异,数值越小越稳定,所以能够认为,被试对语义对等的英文—蒙古文材料的判断比较接近。

从图5.2可以直观看出,在文字判断任务的错误率方面,首先通过比较不同语言间的差异,可以看出英文—中文的判断错误率平均为4.92%,比英文—蒙古文判断错误率(约10.40%)的一半还要低。结果直接显示了就错误率而言,蒙古族大学生被试在文字刺激材料下,从第三语言(英

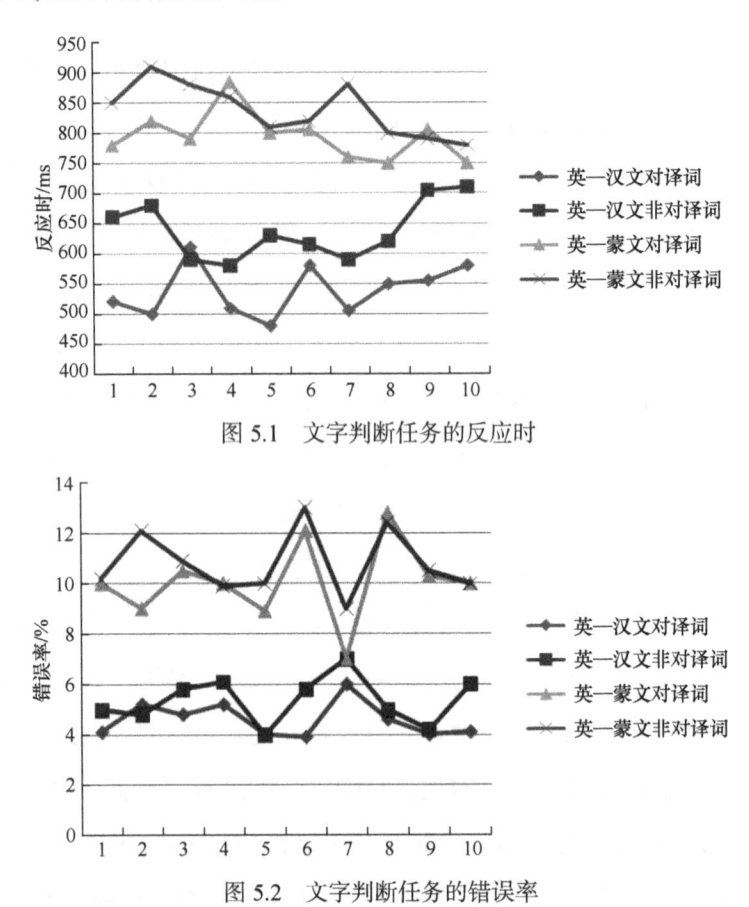

蒙古族大学生文本阅读的认知研究

图 5.1 文字判断任务的反应时

图 5.2 文字判断任务的错误率

文）到第二语言（中文）的判断准确程度明显高于第三语言（英文）到第一语言（蒙古文）的判断准确度，说明对以蒙古语为母语的被试来说前者的判断加工难度小于后者。这与反应时的结果相符。其次，对比不同的刺激材料类型，发现两种语言语义对等时的判断错误率皆略低于语义不对等时的判断错误率。其中，具体来看，实验材料为英文—中文的对译词与非对译词的错误率分别是 4.59% 和 5.37%，而实验材料为英文—蒙古文时对应的错误率则是 10.06% 和 10.8%，所得结论与反应时的结论一致，即对译词的加工理解难度较小。通过标准差数据进行比较，差值最小为 0.70，最大的是 1.62，结果相近而且数值差距不大，说明稳定性都很好。

第 5 章　基于 ERP 的蒙古族大学生蒙汉英三语关系认知研究

5.1.2.2　ERP 数据及分析

利用 ERP 优势的微秒至毫秒级高时间分辨率与心理指标，以及生理指标相互结合，可以得到信息输入与行为输出信息，包括反应时、错误率，以及潜伏期、脑电波幅、头皮分布、神经细胞群活动机理等信息，进而帮助大脑对认知加工的工作状态做出准确而高效的评论。以下是脑电波幅、变化、头皮分布等参数的分析，用以探究英文—中文、英文—蒙古文的加工进程。

（1）英文—蒙古文词汇一致性判断 ERP 信号

图 5.3 是视觉呈现材料为英文—蒙古文时中央区 CZ 点脑电波呈现的波形图。从图中可见，对译词及非对译词激发的脑电波差异最大处在 400—520 ms 处，但两者之间的电压差值不算太大。此时，语义一致的英文—蒙古文词对呈现 1 μV 左右的负电波，而语义不一致的词对呈现 5 μV 上下的负电波。此时，比较激发的 N400 成分，不一致性词汇的激活显著超过了一致性词汇，结果与之前的研究相符，即语义不相关词对会激发较语义相关词对更显著的 N400 成分。这说明，被试对英文—蒙古文语义不一致的词对的理解更为困难，因此出现更大的脑激活现象；相比之下，尽管是以被试较不熟练的第三语言（英文）作为启动词，语义一致仍然可能促进翻译启动效应，因此 L3（英文）加速了母语的理解进程，

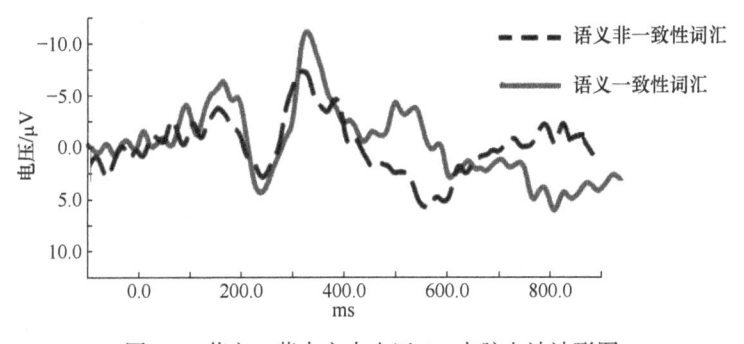

图 5.3　英文—蒙古文中央区 CZ 点脑电波波形图

脑激活便减少了。此外，在 290—380 ms 处明显可以看到 P300 成分也被激发。P300 是语音信息加工的一种标志，它的激发能够说明，尽管刺激以视觉方式呈现，蒙古族大学生的语义通达仍需要借助语音信息。P300 成分还是心理投入的反射，因此可以看出非一致性词汇引起了被试更多的注意。

表 5.1 是 ERP 信号在中央区 CZ 电极点收集到的电压情况。选取的是 P300（290—380 ms 时间段）与 N400（400—520 ms 时间段）成分。电压为经过计算后的平均值，可以从数值上看出非一致性词汇的激活程度普遍高过一致性词汇。

表 5.1　英文—蒙古文一致性判断电压表　　　　单位：mV

判断类型	一致性词汇	非一致性词汇
P300	−11.87	−7.08
N400	3.41	−4.42

接下来做方差齐性检验（即 F 检验），这里设计为 2×18 相关被试内分析。其中，2 是指两种不同的刺激材料——英文—蒙古文的语义一致词对与语义不一致词对，18 是指电极点。具体结果如下。

P300 成分：

对不同判断方式进行方差检验得到 $F(16, 128) = 1.006$（$p > 0.05$），说明判断方式的主效应不显著。对不同电极的方差检验发现 $F(16, 128) = 45.16$（$p < 0.01$），说明不同电极间的主效应非常显著；然而，对两者的交互作用的方差检验得到 $F(16, 128) = 0.811$（$p > 0.05$），说明不同判断方式与电极的交互作用不显著。

N400 成分：

同样选用分属不同文字的目标词进行 2×18 相关被试内分析。对不同判断方式进行方差检验，得到 $F(1, 16) = 10.73$（$p < 0.05$），说明

第 5 章 基于 ERP 的蒙古族大学生蒙汉英三语关系认知研究

判断方式的主效应显著。对不同电极进行方差检验,结果 $F(16, 128) = 30.94$ ($p<0.001$),说明不同电极间的主效应非常显著。对两者的交互作用进行方差检验,得到 $F(16, 128) = 4.132$ ($p<0.05$),说明不同判断方式与电极的交互作用显著。

在对所有的电极进行显著性分析,发现 P300 成分在两种判断类型的平均脑电压的差异并不是很显著,但是 N400 成分的电压差异非常显著,说明英文—蒙古文词汇判断任务的主要处理加工时间段在 400 ms 处左右。其中,通过方差检验得到具有显著差异的电极包括:中央 CZ 点（$T16 = 5.21$,$p<0.01$）;中央顶区 CP4（$T16 = 4.265$,$p<0.01$）;右侧颞区 TP8（$T16 = 4.157$,$p<0.05$）;右侧额区 F8（$T16 = 7.254$,$p<0.01$）。

图 5.4 和图 5.5 分别显示的是语义对等和不对等的英文—蒙古文脑地形图,选取的是 50—450 ms 时间段,这时脑电压的变化差异很明显。

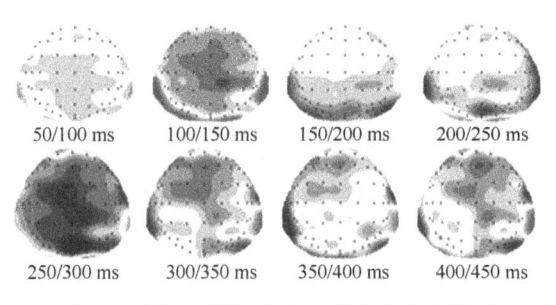

图 5.4 语义对等的英文—蒙古文脑地形图

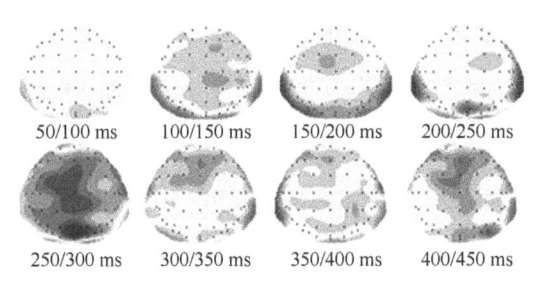

图 5.5 语义不对等的英文—蒙古文脑地形图

由脑地形图的电压分布可以看出，不一致的英文—蒙古文词对会比一致的英文—蒙古文词对产生更多的脑激活，显示出其加工难度更大，与波形图的结果相符。判断词语一致性与否时，主要差异出现于潜伏期400 ms段处，这时不一致的词对判断较为明显地激活了左侧额区，显示其拥有更为复杂的脑加工。P300成分所呈现的差异还是很明显的，具体说来是在潜伏期300 ms段处的语音加工阶段，两种类型的刺激材料都没有激发出大的正极电压。因此笔者提出猜想，英文与蒙古文都属于拼音文字，在文字字形呈现时即可以较直观地获得语音信息，因此语音理解加工的难度变小，P300成分便不明显了。

（2）英文—中文词汇一致性判断ERP信号

图5.6是视觉呈现材料为英文—中文时中央区CZ点脑电波呈现的波形图。从图中可见，对译词及非对译词激发的脑电波差异最大处在370—530 ms，此时语义一致的英文—中文词对呈现6 μV以上的正电波，而不一致的词对呈现3 μV左右的负电波。此时，比较二者激发的N400成分，非一致性词汇的激活显著超过了一致性词汇，该结果与之前的研究相符，即较语义相关词对，语义不相关词对会激发更显著的N400成分。这说明，被试对英文—中文语义不一致的词对的理解更为困难，因此出现更大的脑激活现象；相比之下，尽管是以被试较不熟练的第三语言（英文）作为启动词，语义一致仍然可能促进翻译启动效应，因此加速了语言理解过程，脑激活便减少了。此外，在300—320 ms处明显可以看到P300成分也被激发，但两者之间的电压差值并不大。P300是语音信息加工的一种标志，它的激发能够说明，尽管刺激以视觉方式呈现，蒙古族大学生的语义通达需要借助语音信息。P300成分还是心理投入的反射，因此可以看出非一致性词汇引起了被试更多的注意。

表5.2是ERP信号在中央区CZ电极点收集到的电压情况。选取的是P300（300—320 ms时间段）与N400（370—530 ms时间段）成分。

第 5 章　基于 ERP 的蒙古族大学生蒙汉英三语关系认知研究

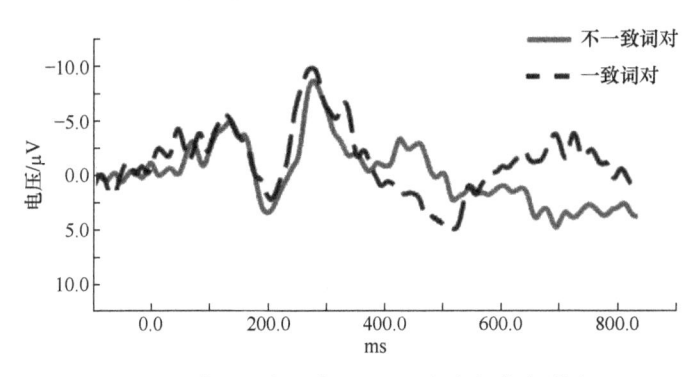

图 5.6　英文—中文中央区 CZ 点脑电波波形图

电压是经过计算后的平均值，可以从数值上看出非一致性词汇的激活程度普遍低于一致性词汇。

表 5.2　英文—中文一致性判断电压表　　　单位：mV

判断类型	一致性词汇	非一致性词汇
P300	6.23	5.91
N400	−0.59	−3.14

接下来，将进行方差齐性检验（即 F 检验），这里设计为 2×18 相关被试内分析。其中，2 是指两种不同的刺激材料——英文—中文的语义一致词对与语义不一致词对，18 是指电极点。具体结果显示如下。

P300 成分：

对不同判断方式进行方差检验，得到 $F(1, 16) = 0.073$（$p > 0.05$），说明判断方式的主效应并不显著。对不同电极进行方差检验，发现 $F(16, 128) = 45.06$（$p < 0.001$），说明电极主效应非常显著；然而，对两者的交互作用的方差检验得到 $F(16, 128) = 0.843$（$p > 0.05$），说明不同判断方式与电极的交互作用不显著。

N400 成分：

同样选用分属不同文字的目标词进行 2×18 相关被试内分析。数据分析的结果为：对不同判断方式进行方差检验，得到 $F(1, 16) = 11.09$

153

（$p<0.05$），说明判断方式的主效应较为显著；对不同电极进行方差检验，结果 $F(16, 128) = 20.94$（$p<0.001$），说明电极主效应非常显著；对两者的交互作用进行方差检验，得到 $F(16, 128) = 2.221$（$p<0.05$），说明判断方式与电极的交互作用显著。

在对所有电极的显著性分析中发现，P300 成分在两种判断类型下的平均脑电压差异不显著，但是 N400 成分的脑电压差异非常显著，说明英文—中文词汇的判断任务的主要处理加工时间段在 400 ms 处左右。其中，通过方差检验得到具有显著差异的电极包括：左侧额区 F7（$T16 = 5.678$，$p<0.01$）；中央 CZ 点（$T16 = 3.19$，$p<0.01$）；中央顶区 CP4（$T16 = 4.192$，$p<0.01$）；右侧颞区 T8（$T16 = 7.124$，$p<0.05$）。

图 5.7 和图 5.8 分别显示的是语义对等和不对等的英文—中文脑地形图，选取的是 50—450 ms 时间段，这时的变化差异很明显。

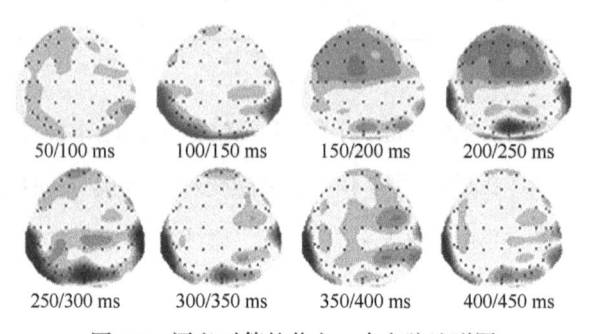

图 5.7 语义对等的英文—中文脑地形图

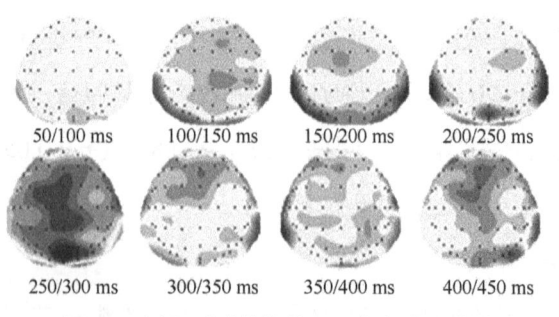

图 5.8 语义不对等的英文—中文脑地形图

第5章 基于ERP的蒙古族大学生蒙汉英三语关系认知研究

通过脑地形图的电压分布可以看出，不一致的英文—中文词对会比一致的英文—中文词对产生更多的脑激活，显示出其加工难度更大，与波形图的结果相符。判断词语一致性与否时的主要差异出现于潜伏期400 ms段处，这时不一致的词对判断较为明显地激活了左侧额区，显示了其需要更为复杂的脑加工。N400成分显示的结果对于英文—中文与英文—蒙古文这两种刺激的文字类型并没有太大的区别。在潜伏期300 ms段处的语音加工阶段，不一致的词对判断较为明显地激活了右脑区，呈现正电压。

5.2 基于英语的蒙汉英对译词与非对译词识别研究

5.2.1 实验背景

语义的接收包括视觉系统的文字接收和听觉系统的语音接收两种方式。相对于接收书面上的文字信息，从听觉系统接收语言信息更加复杂，部分原因在于提取语音信息时要将繁杂喧嚣的无意义声音（或称噪声）的影响排除掉。此外，口语的灵活性比书面语更大，常常有省略、代称等情况出现，需要联系语境、上下文等背景信息综合考虑。对于双语人来说，必须能够区分两套不同而又并存的语音系统。语音信息对不同母语背景的人群来说具有不同程度的意义。Koda（1988，1993，1998）对此类问题做了相当多的研究。其研究发现，母语为拼音文字（如英语、阿拉伯语、印度尼西亚语）的被试需要直接分析语音信息，而且对语音线索的依赖程度非常大。相比之下，母语为表意文字（如汉语、日语）的被试则不需要直接分析语音信息，而且对语音线索的依赖性较小。此外，对韩国学生和中国学生英语学习情况的研究也发现，就音素分析能力而言，字母文字背景的学生（韩国学生）要优于非字母文字背景的学生（中国学生），然而，这种优势并不能体现在对以文章为单元的阅读材料的理解能力上。上述研究证实了母语背景对第二语言加工是有影响的，那么，对于母语背景（蒙古语）与所需习得的第三语言（英语）皆为拼音文字的蒙古族大学生被试而言，直接输入语音信息所需要的词汇加工难度是否会降低？换句话说，拼音文字背景下呈现刺激为语音材料时是否能够得出第三语言的理解是依靠第一语言的结论？其词汇通达加工过程与作为非拼音文字——汉语的第二语言的差异与联系又在哪里？或是尽管在拼音文字背景下，第三语言的理解依然是依靠第二语言（汉语）的经验？这些都是本书所要探索的问题。

5.2.2　实验思路与设计

5.2.2.1　被试选择

实验选取了 10 名蒙古族大学生作为被试，其中女性 6 人，男性 4 人。他们的平均年龄在 25 岁上下，裸眼视力及矫正视力达到正常标准。被试的母语是蒙古语，第二语言为汉语，且学习时间大致从小学阶段起（10 岁左右），第三语言为英语，且学习开始于大学时期（18 岁左右）。被试英语水平达到大学英语四级的标准，在三种语言下都能正常进行听、说、读、写。

5.2.2.2　实验材料

本次实验的语音材料与文字材料是相对应的，分为英语—蒙古语、英语—汉语两组，每组由 36 个对译词和 36 个非对译词组成，且呈现的概率相等。实验使用的蒙古文、中文、英文词汇皆为单字，如 flag—"旗"。词汇经过熟悉度测试，剔除生僻字，保存词频适中的词汇，最大限度地减少词频对实验结果的影响。语音材料的发音人使用标准的蒙古语、汉语普通话和美式英语发音，发音标准、清晰流畅。语音时长利用 Audition 软件统一设置为 800 ms。所有实验中的刺激材料均以英语词汇作为启动词。

5.2.2.3 实验设计

实验采用经典的 Go-Nogo 实验范式。该实验范式的特点是可以呈现两种不同类型的刺激。靶刺激，即 Go 刺激，是需要被试做出判断反应的（如按键），而 Nogo 刺激不需要被试做出判断反应。该设计的优势不仅在于能够很大程度地节省实验时间，而且能够相应地排除概率因素对 ERP 的影响。

实验设计为单因素，并按照语言种类将实验材料分为蒙古语、汉语、英语三个水平。每组实验由 72 个词对组成，其中语义相等的词对与语义不相等的词对各 36 对。词对的呈现顺序是随机的，并做被试间平衡设计。实验的启动词皆为英语词汇，按照实验目的分为英—蒙、英—汉两大组进行。

5.2.2.4 实验准备与记录

实验准备工作包括仪器连接、启动及被试佩戴脑电帽和调试电极等。在此之后，让被试坐于电脑屏幕正前方 0.5—1 m 处的椅子上。首先，呈现实验的要求与注意事项（如尽量不要摇摆头部和身体、使用鼠标或键盘完成任务等）。接下来耳机中会播放英语—蒙古语词对及英语—汉语词对。被试的行为任务是对所呈现的启动词与目标词之间是否存在语义对等做出判断，以测定被试听到词汇后是否实现了词语的通达。利用鼠标的左右键完成判断任务。反应时长不超过 2500 ms。实验前让被试熟悉实验流程，每组实验后设置 2—3 min 的休息时间。

运用 stm2 软件和 E-prime 软件完成实验程序的编写，包括记录下反应时长与错误率在内的行为数据以备后续分析对比。依靠 64 导脑电仪及放大器完成 EEG 的收集，头皮电压不超过 5000Ω，参考电极设定为中心点。为消除眼电伪迹的影响，需要在双目上下安置记录眼电的电极。此外，滤波带通设为 0.1—100 Hz，后进行低通滤波（30 Hz 左右）。经过离线处理（消除伪迹、时间分段、叠加平均、总平均等步骤）后通过记录到的数据可以得到总波形图。

5.2.2.5　数据分析

数据分析所需要的数据包含行为数据，即反应时与错误率、ERP 数据。ERP 数据分析的时间段设为 1000 ms，其中基线设为刺激呈现前的 100 ms，刺激呈现 900 ms。主要分析的 ERP 成分是 P300 与 N400 两种。分析统计从潜伏期、波幅等方面展开。

5.2.3　实验结果

5.2.3.1　行为数据及分析

本次实验中，直接的结果可以通过图 5.9 和图 5.10 呈现。从图 5.9 中可得，在语音判断任务的反应时方面，首先，比较不同语言间的差异，可以看出英语—汉语的反应时的平均值为 486 ms，远远小于英语—蒙古语的平均反应时（767 ms），反应时间差为 300 ms 左右。数据结果直接显示了就计时统计而言，蒙古族大学生被试在语音刺激材料下，从第三语言（英语）到第二语言（汉语）的反应时长要明显长于第三语言（英语）到第一语言（蒙古语）的反应时长，说明前者的判断加工难度对以蒙古语为母语的被试来说小于后者。可以做出的初步判断是，虽然英语与被试母语同属拼音文字，彼此有很多相似之处，但是蒙古族大学生的第三语言（英语）的学习方式是依靠第二语言，即汉语的方式习得的，也可以总结为，以蒙古语为母语者第三语言的习得更多地依靠第二语言的习得而非母语。其次，对比不同的刺激材料类型，发现两种语言语义对等时的反应时长皆短于语义不对等时的反应时长，但是时长差距不大，

第 5 章　基于 ERP 的蒙古族大学生蒙汉英三语关系认知研究

在几十毫秒左右。这说明，在对语音的加工中，当两种语言间词汇的语义关系不对等或不一致时，会增加判断难度，因此被试需要更多的时间来进行思考和判断。从得出的标准差数据来看，差值最小的是语义对等的英语—汉语材料的判断，为 11.97；而差值最大的达到 45.70，属于对语义不对等的英语—蒙古语材料的判断。因此可以认为，被试对语义对等的英语—蒙古语材料的判断受个人因素影响较大。

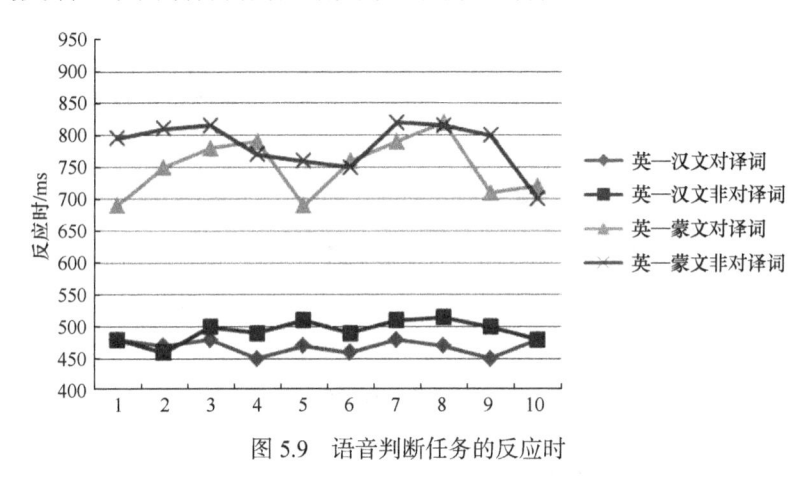

图 5.9　语音判断任务的反应时

从图 5.10 的直观显示可得，在语音判断任务的错误率方面，首先，比较不同语言间的差异，可以看出英语—汉语的判断错误率平均为 3.75%，比英语—蒙古语平均错误率（约 10.04%）的一半还要低。结果直接显示了蒙古族大学生被试在语音刺激材料下，从错误率上看，从第三语言（英语）到第二语言（汉语）的判断准确程度明显高于第三语言（英语）到第一语言（蒙古语）的判断准确度，说明前者的判断加工难度对以蒙古语为母语的被试来说小于后者。这与反应时的结果一致，也可以得到蒙古族大学生的第三语言（英语）的学习方式是依靠第二语言，即汉语的方式习得的，或者说，以蒙古语为母语者第三语言的习得更多地依靠第二语言的习得而非母语这一推论。其次，对比不同的刺激材料类型，发现两种语言语义对等时的判断错误率皆略低于语义不对等时的

159

判断错误率。其中，具体来看，英语—汉语的对译词与非对译词的平均错误率分别是 3.76% 和 4.02%，而英语—蒙古语时相对应的则是 9.79% 和 10.29%。结论与反应时的结论一致，即对译词的加工理解难度较小。从标准差数据比较，差值最小为 0.65，最大为 0.9，结果相近而且数值差距不大，说明稳定性都很好。

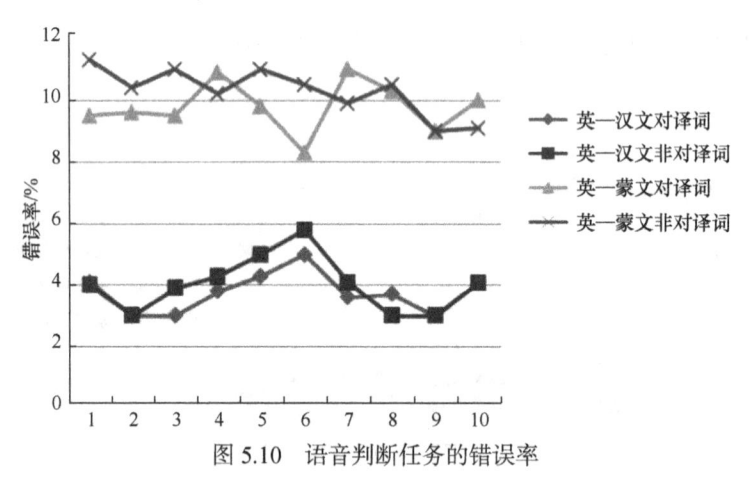

图 5.10 语音判断任务的错误率

5.2.3.2 ERP 数据及分析

（1）英语—蒙古语词汇一致性判断 ERP 信号

图 5.11 为听觉通道呈现材料英语—蒙古语时中央区 CZ 点脑电波呈现的波形图。从图中可见，对译词及非对译词激发的脑电波，差异最大处在 300—480 ms 处，但两者之间的电压差值相对较小。此时，语义一致的英语到蒙古语词对呈现 1.5 μV 左右的负电波，而语义不一致的词对呈现 3 μV 上下的负电波。此时，比较激发的 N400 成分，不一致性词汇的激活显著超过了一致性的词汇。这项结果与视觉文字材料一致，即语义不相关词对会激发较语义相关词对更显著的 N400 成分。说明了被试对英语—蒙古语语义不一致的词对的理解更为困难，因此出现更大的脑激活现象；相比之下，尽管是以被试较不熟练的第三语言（英语）作为启动词，语义一致仍然可能促进跨语言启动效应，因此 L3（英语）加速了母语

第 5 章 基于 ERP 的蒙古族大学生蒙汉英三语关系认知研究

的理解进程，脑激活便减少了。此外，两种不同语音类型的刺激所激发的 P300 潜伏期成分较短，说明判断任务的难度相对较小。一致性词汇的预期性要大于非一致性词汇，因此可以解释后者所激发的电压高于前者的现象。

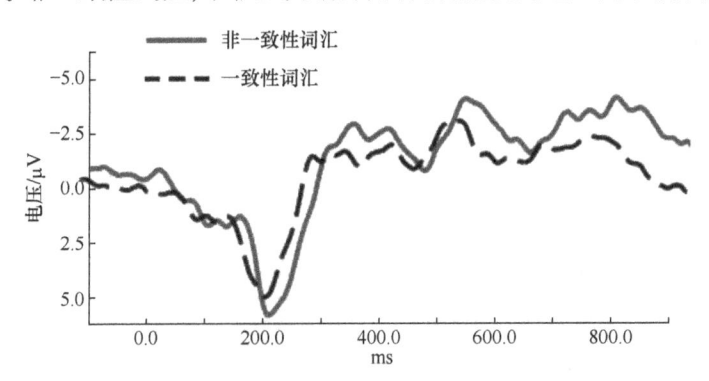

图 5.11 英语—蒙古语中央区 CZ 点脑电波波形图

表 5.3 是 ERP 信号在中央区 CZ 电极点收集到的电压情况。选取的是 P300（290—380 ms 时间段）与 N400（400—520 ms 时间段）成分。电压为经过计算后的平均值，可以从数值上看出非一致性词汇的激活程度普遍高于一致性词汇。

表 5.3 英语—蒙古语一致性判断电压表　　　单位：mV

判断类型	一致性词汇	非一致性词汇
P300	−2.99	−3.41
N400	−2.56	−4.19

接下来进行方差齐性检验（即 F 检验），这里设计为 2×18 相关被试内分析。其中，2 是指两种不同的刺激材料——英语—蒙古语词的语义一致词对与语义不一致词对，18 是指电极点。具体结果显示如下。

P300 成分：

对不同判断方式进行方差检验，得到 $F(16, 128) = 0.112 (p > 0.05)$，说明判断方式的主效应不显著。对不同电极进行方差检验，结果 $F(16,$

128）= 88.07（$p<0.01$），说明电极主效应非常显著；然而，对两者的交互作用的方差检验得到 $F(16, 128) = 0.917$（$p>0.05$），说明判断方式与电极的交互作用不显著。

N400 成分：

同样选用分属不同文字的目标词进行 2×18 相关被试内分析。数据分析的结果为：对不同判断方式进行方差检验，得到 $F(1, 16) = 12.94$（$p<0.05$），说明判断方式的主效应较为显著；对不同电极进行方差检验，结果 $F(16, 128) = 30.91$（$p<0.001$），说明电极主效应非常显著；对两者的交互作用进行方差检验，得到 $F(16, 128) = 2.89$（$p<0.05$），说明判断方式与电极的交互作用显著。

在对所有电极的显著性分析中发现，P300 成分在两种判断类型下的平均脑电压的差异并不是很显著，但是 N400 成分的脑电压差异非常显著，说明英语—蒙古语词汇判断任务的主要处理加工的时间段在 400 ms 处左右。这一结论与视觉文字材料所得结果一致。其中，通过方差检验得到：具有显著差异的电极包括中央 CZ 点（$T16 = 5.171$，$p<0.05$）；中央区 C4（$T16 = 5.265, p<0.05$）；后颞区右侧 P4 $T16 = 1.137, p<0.05$）；右侧额区 F8（$T16 = 7.135$，$p<0.05$）。

图 5.12 和图 5.13 分别显示的是语义对等和不对等的英语—蒙古语脑地形图，选取的是 50—450 ms 时间段，这时的脑电压变化差异很明显。

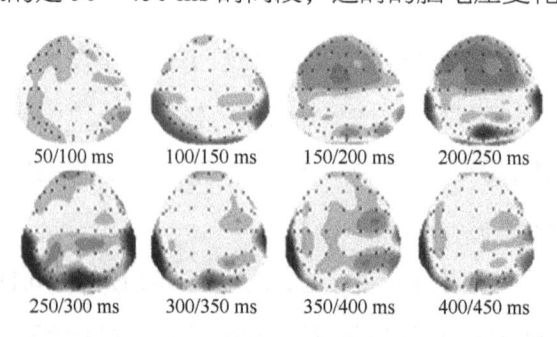

图 5.12 语义对等的英语—蒙古语脑地形图

第5章 基于ERP的蒙古族大学生蒙汉英三语关系认知研究

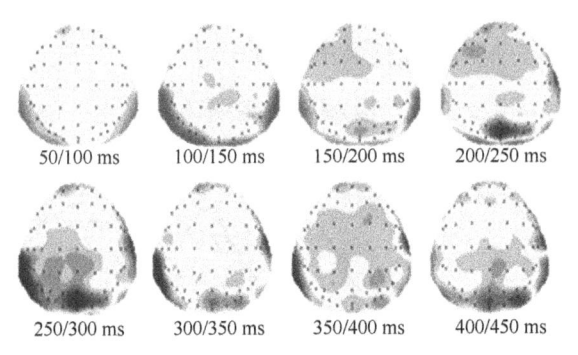

50/100 ms	100/150 ms	150/200 ms	200/250 ms
250/300 ms	300/350 ms	350/400 ms	400/450 ms

图 5.13 语义不对等的英语—蒙古语脑地形图

通过脑地形图的电压分布可以看出，不一致的英语—蒙古语词对会比一致的英语—蒙古语词对产生更多的脑激活，显示出其加工难度更大，与波形图的结果相符。词语一致性与否在判断时主要差异出现于潜伏期 400 ms 段处，显示了不一致的词对需要更为复杂的脑加工。P300 成分显示的结论并没有太大的区别，然而 N400 成分所呈现的差异还是很明显的。

（2）英语—汉语词汇一致性判断 ERP 信号

图 5.14 为听觉通道呈现材料，从英语到汉语时中央区 CZ 点脑电波呈现的波形图。从图中可见，对译词及非对译词激发的脑电波，差异最大处在 300—480 ms 处，但两者之间的电压差值相对较小。此时，语义一致的英语到汉语词对呈现 1.5 μV 左右的负电波而语义不一致的词对呈现 3 μV 上下的负电波。此时激发的 N400 成分，非一致性词汇的激活显著超过了一致性词汇。该结果与视觉文字材料所得结果一致，即语义不相关词对会较语义相关词对激发更显著的 N400 成分。说明了被试对英语—汉语语义不一致的词对的理解更为困难，因此出现更大的脑激活；相比之下，尽管是以被试较不熟练的第三语言（英语）作为启动词，语义一致仍然可能促进翻译启动效应，因此 L3（英语）加速了母语的理解进程，脑激活便减少了。此外，两种不同语音类型的刺激所激发的 P300

潜伏期成分较短，说明判断任务的难度相对不大。一致性词汇的预期性要大于非一致性词汇，因此可以解释后者所激发的电压高于前者的现象。

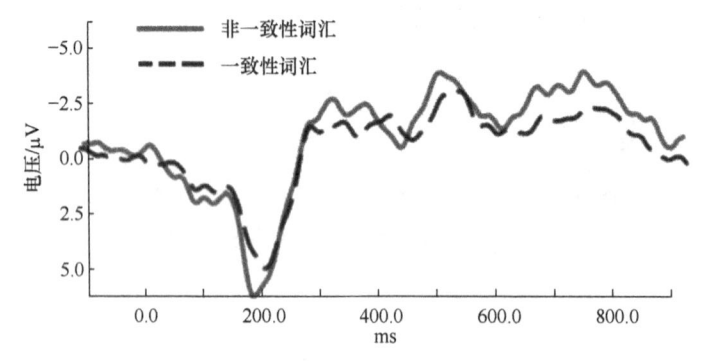

图 5.14　英语—汉语中央区 CZ 点脑电波波形图

表 5.4 是 ERP 信号在中央区 CZ 电极点收集到的电压情况。选取的是 P300（290—380 ms 时间段）与 N400（400—510 ms 时间段）成分。电压是经过计算后的平均值，可以从数值上看出非一致性词汇的激活程度普遍低于一致性词汇。

表 5.4　英语—汉语一致性判断电压表　　单位：mV

判断类型	一致性词汇	非一致性词汇
P300	−3.22	−2.14
N400	−2.41	−1.87

接下来进行方差齐性检验（即 F 检验），这里设计为 2×18 相关被试内分析。具体结果如下。

P300 成分：

对不同判断方式进行方差检验，得到 $F(16, 128) = 0.112$（$p > 0.3$），说明判断方式的主效应不显著。对不同电极进行方差检验，结果 $F(16, 128) = 88.07$（$p < 0.01$），说明电极主效应非常显著；然而，对两者的相交互作用进行方差检验，得到 $F(16, 128) = 0.917$（$p > 0.5$），说明判断方式与电极的交互作用不显著。

第 5 章　基于 ERP 的蒙古族大学生蒙汉英三语关系认知研究

N400 成分：

同样选用分属不同文字的目标词进行 2×18 相关被试内分析。数据分析的结果为：对不同判断方式进行方差检验，得到 $F(1, 16) = 12.94$（$p<0.05$），说明判断方式的主效应较为显著；对不同电极进行方差检验，结果 $F(16, 128) = 30.92$（$p<0.001$），说明电极主效应非常显著；对两者的交互作用进行方差检验，得到 $F(16, 128) = 2.81$（$p<0.05$），说明判断方式与电极的交互作用显著。

在对所有电极的显著性分析中发现，P300 成分在两种判断类型下的平均脑电压的差异并不是很显著，但是 N400 成分的电压差异非常显著，说明英语—汉语词汇判断任务的主要处理加工时间段在 400 ms 处左右。这一结论与视觉文字材料所得出的结论一致。其中，通过方差检验得到具有显著差异的电极包括：中央 CZ 点（$T16 = 5.001$，$p<0.05$）；中央区 C4（$T16 = 4.265$，$p<0.05$）；后颞区右侧 P4（$T16 = 2.137$，$p<0.05$）；右侧额区 F8（$T16 = 9.07$，$p<0.05$）。

图 5.15 和图 5.16 分别显示的是语义对等和不对等的英语—汉语脑地形图，选取 50—450 ms 时间段，这时脑电压的变化差异很明显。

透过脑地形图的电压分布可以看出，从 N400 成分来看，不一致的英语—汉语词对会比一致的英语—汉语词对产生更多的左侧额区脑激

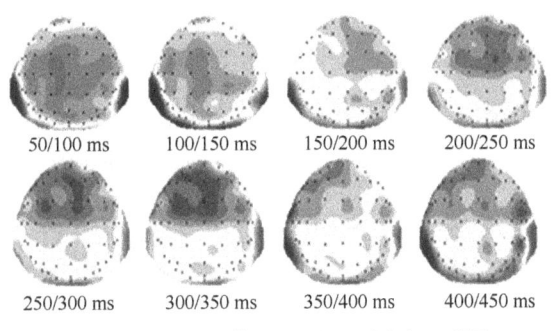

图 5.15　语义对等的英语—汉语脑地形图

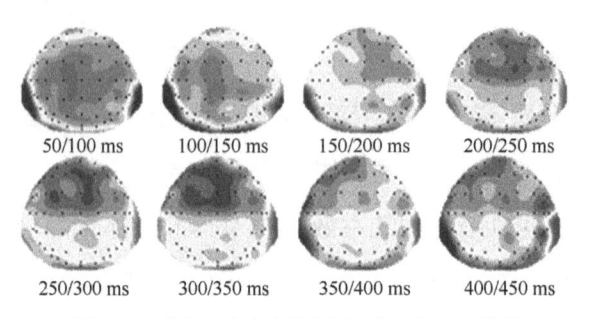

图 5.16　语义不对等的英语—汉语脑地形图

活，显示出其加工难度更大，与波形图的结果相符。P300 成分显示，英语—汉语对的语音加工较少，因为激活的脑电压在 300 ms 处左右时并不明显。

5.3　文字与语音信息的对比分析

上文已分别进行了基于文字和语音的语言间（英—蒙、英—汉）的对比，本部分将从刺激材料的种类（文字—语音）与呈现方式（视觉—听觉）的角度对蒙古族被试的三语关系进行比较分析，意在探索文字与语音信息对词汇通达的影响及其差异；同时也将通过行为数据和 ERP 数据的对比，得出相关结论。

5.3.1　行为数据

本次实验中，以被试反应时间的长短与判断的错误率高低作为行为数据的两项重点参照指标，从语言认知的角度考察被试对刺激是否理解及理解程度的高低。直接的结果通过表 5.5 和表 5.6 呈现。从表 5.5 中可得，在词汇判断任务反应时长方面，排除刺激材料的分类问题而只比较不同语言间（英—蒙、英—汉）的差异，可以看出：无论是语音呈现还是文字呈现，从第三语言（英语）到第二语言（汉语）间的反应时长都要快于第三语言（英语）到第一语言（蒙古语）间的反应时长，说明前者的判断加工难度对以蒙古语为母语的被试来说小于后者。这种无论是

第 5 章　基于 ERP 的蒙古族大学生蒙汉英三语关系认知研究

在语音上还是在文字上的压倒性优势可以说明，蒙古族大学生的 L3（英语）的学习方式是依靠第二语言，即汉语的方式习得的，而非蒙古语。具体来看，实验材料为语音材料时，被试所用的判断时间要少于文字材料的判断时间。英—蒙的差异只有几十毫秒，但是英—汉的差异约 100 ms。就蒙古族被试而言，相对于文字的处理，他们对语音的处理要容易得多。这与被试的母语背景密切相关，也就是说，蒙古族被试的母语是拼音文字，因此习惯上对语音信息具有更高的熟悉度和更高程度的倾向性。借助有效的语音信息，大脑对语义的加工会更迅速。从得出的标准差数据来看，差值最小的是对英语—汉语材料进行的判断，为 14.49，说明被试间水平比较稳定；而其他情况的标准差差距则相对较大。

表 5.5　反应时长表　　　　　　　　　　　　单位：ms

语言类型	英文—蒙古文	英语—蒙古语	英文—中文	英语—汉语
平均值	786.8	766.75	588.5	486.25
标准差	42.14	42.04	45.22	14.49

表 5.6 直观显示了不同语言间的差异，在判断的错误率方面，首先，可以看出英—汉的判断错误率平均在 4%上下，而英—蒙的错误率约 10%，大大超过前者。其次，数据结果再一次证明了，从第三语言（英语）到第二语言（汉语）的判断准确程度明显高于第三语言（英语）到第一语言（蒙古语）的判断准确度，说明前者的判断加工难度对以蒙古语为母语的被试来说小于后者。这与反应时的结果一致。再次，体现了以蒙古语为母语者第三语言的习得更多地依靠第二语言的习得而非母语这一推论。具体到文字与语音材料的对比，可以发现被试对语音材料的判断错误要少于对文字材料的判断错误。而这种差距在英、汉之间体现得更为明显，其错误率差值较大（4.92%：3.75%）。通过标准差数据进

行比较，差值最小为 0.78，最大为 1.46，结果相近而且数值差距不大，说明稳定性良好。

表 5.6　判断错误率表　　　　　　　单位：%

语言类型	英文—蒙古文	英语—蒙古语	英文—中文	英语—汉语
平均值	10.395	10.035	4.92	3.75
标准差	1.46	0.79	0.82	0.78

5.3.2　ERP 数据

在图 5.17 中重点观察表示语音信息加工的 P300 成分和表示语义加工的 N400 成分。由图 5.17 可以看出，大约 300 ms 处文字材料（英文—汉文、英文—蒙古文）明显得到激活，出现了约 –10 μV 的波形，相比之下，语音材料（英语—汉语、英语—蒙古语）在 300 ms 处并没有明显的波峰（约 –2.5 μV）出现。这就说明了蒙古族被试在获得文字材料时，语音信息都会得到激活，也就是说，其语义通达要经由语音转化。输入材料为语音时则无须这一步骤，因此 P300 无明显起伏。N400 成分虽然在各种语言条件下都得到了激活，但语言之间、输入方式之间的差异都很大，其中最大值为 –7.5 μV，由英文—蒙古文词对激活；接下来依次是 –5 μV（英语—蒙古语）、–2.5 μV（英文—汉文），最小值是 0 μV 左右，由英语—汉语词对激活。这种激活程度的高低顺序体现出语义加

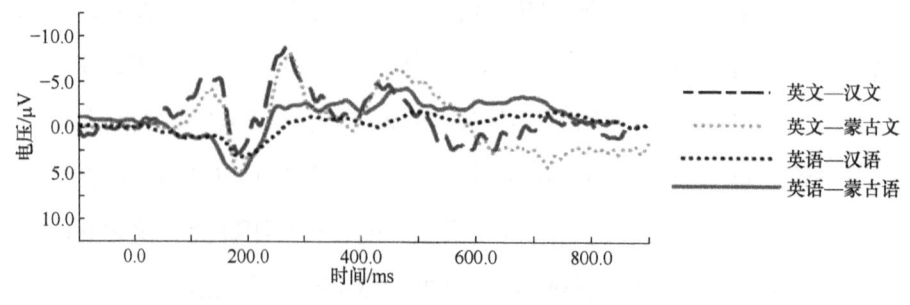

图 5.17　四组实验的波形图综合对比

工的难易程度，即对蒙古族被试来说，英—汉的加工要比英—蒙容易，语音的加工要比文字容易。

5.4 综合讨论与总结

跨语言启动范式的基本思路是，用一种语言作为启动词（如本章实验中使用的启动词为英语词汇），在相对快速地呈现之后，给出另一种语言的目标词（如本章实验中的蒙古语或汉语）；如果启动词包含的信息（语音、字形、语义等）能够促进任务更高速、更准确地完成，则说明产生了跨语言启动效应，反映在行为上表现为反应时长缩短和错误率下降等。而且，启动的促进效应与信息的丰富程度和刺激的相似度呈正比例关系。此外，加工的整合程度也是影响启动效应的因素之一。研究表明，跨语言启动效应是语义共同表征的语言间会出现的现象，如果语言间语义表征是单独的，则前一种语言信息不大会激活后一种语言信息。本章实验发现，英语—蒙古语、英语—汉语都存在着启动效应，说明了其拥有共同的语义层和不同的概念层。这个结论对蒙古族大学生的三语教习的启示在于，合理利用母语、第二语言的信息，利用语言间字形、语音等信息的联系，能够有效地促进第三语言——英语的习得。

前人对三语人的研究表明，第一语言和第二语言都对第三语言产生着或多或少的影响，其知识背景都在L3（英语）习得过程中得到了不同程度的激活。其中，母语的影响从时间上看多处于L3（英语）习得初期，从影响范围上看多为语音和语用方面。第二语言对第三语言产生的影响是逐渐增强的。伴随第三语言使用熟练程度的提升，母语与第二语言的影响力会减弱。前人的研究中，有的显示出语言之间的相似关联性对语言有重要影响，如英语和法语等同源语言在习得方面会有所借鉴。然而，在本章实验中，蒙古语与英语虽然都是拼音文字，且二者之间相似度大于汉语这种非拼音语言，但蒙古族被试的英语可得却更多地借助了汉语的习得。究其原因可能有三：一是语言环境。蒙古族大学生虽然出生时接受的是母语——蒙古语的浇灌，然而受语言环境的影响，经过长期的校园生活，老师与同学间的交流多通过普通话，因此习惯性依靠第二语言——汉语的模式，导致其第三语言——英语的习得也深受影响。二是受被试的语言熟悉程度的影响。选取蒙—英翻译专业的大学生作为被试，他们能够较熟练地使用英语，属于高程度的学习者。因此，母语的正负迁移都偏少，倾向第二语言的趋势较为明显。三是与刺激材料的呈现时间有关，呈现时长达到了被试加工能力所能达到的程度，因此促进了翻译启动效应。

本章实验利用对译与非对译词对及 ERP 技术，对蒙古族三语人的语言加工机制进行了研究。其中重点是探索母语为拼音文字——蒙古语的情况下，第三语言——英语的学习与使用是受母语的习惯影响还是借助第二语言——汉语的习得方式，以及呈现方式的不同（视觉、听觉）对语义通达加工的影响。实验结果证实，蒙古族大学生在执行不同语言语义判断任务时，无论文字呈现还是语音呈现都会发现英—汉的判断比英—蒙的判断用时短且准确度高。因此推断其 L3（英语）的学习更倾向借助 L2（汉语）而不是 L1（蒙古语）。尽管启动词是较不熟悉的第三语言，但被试对译词的加工仍更快、更正确，说明存在翻译启动效应，这与被试的语言熟练程度及刺激呈现时长相关。蒙古族三语人对语音材料的判断要优于文字材料，说明母语的语言系统会影响认知的加工模式，其语义通达要经字形到语音后才会通达词义。本章实验结论扩充了对少数民族三语人语言认知的研究，也将为蒙古族三语人的英语教学提供参考。

不得不承认的是，任何研究都会存在一些不足之处。本章实验的不足之处，首先在于三语问题这一方兴未艾事物的研究仅仅处于起步发展过程中，很多理论及模型只能借鉴双语（包括狭义和广义两种层次），

第 5 章 基于 ERP 的蒙古族大学生蒙汉英三语关系认知研究

三语现象自身的理论建设不够完善，因此分析的深度还有待提高。蒙古族大学生被试的个人差异，如语言熟练程度、个人学习方式差异等，会对实验结果有一定的影响。对翻译启动效应的考察没有包含蒙古语—英语或汉语—英语的方向，在以后进行更深入的考察时可以把 L1-L3/L2-L3 这一部分纳入考察范围。希望后来的研究者能有自己的思考，提出更好的解决方案。

参考文献

白学军, 李馨, 闫国利. 2008. 英语专业大学生阅读汉语和英语材料的眼动研究. 心理与行为研究, (1): 6-10, 49.

白学军, 张兴利, 史瑞萍. 2004. 工作记忆、表达方式和同质性对线性三段论推理影响的眼动研究. 心理与行为研究, (3): 519-523, 528.

包力高, 道尔基. 1984. 蒙古文字发展概述. 内蒙古社会科学, (3): 61-67.

陈宝国, 王立新, 彭聃龄. 2003. 汉字识别中形音义激活时间进程的研究（Ⅱ）. 心理学报, (5): 576-581.

陈宝国, 王立新, 彭聃龄. 2006. 高、低频汉字形音义激活的时间进程. 心理与行为研究, (4): 252-257, 296.

陈庆荣. 2012. 句法启动研究的范式及其在语言理解中的争论. 心理科学进展, (2): 208-218.

崔希亮, 等. 2008. 汉语作为第二语言的习得与认知研究. 北京: 北京大学出版社.

丁小燕, 孔克勤, 王新法. 2007. 英文快速阅读的眼动特点与阅读成绩的关系. 心理科学, (3): 535-539.

伏干. 2008. 中学生字词阅读知觉广度的眼动研究. 天津师范大学硕士学位论文.

高闯. 2012. 眼动实验原理——眼动的神经机制、研究方法与技术. 武汉: 华中师范大学出版社.

关善玲, 闫国利. 2007. 移动窗口条件下不同工作记忆者阅读差异的眼动研究. 心理与行为研究, (4): 309-313.

郭桃梅, 彭聃龄, 祁志强, 等. 2004. 语音的自动激活及其在汉字语义通达中的作用. 心理学探新, (1): 31-33.

韩在柱, 毕彦超. 2009. 无需语音中介的阅读理解机制：来自一例汉语失语症个案的新证据. 中国科学 C 辑: 生命科学, (3): 279-286.

侯友, 白学军. 2012. 词汇识别中语音激活的时间进程及作用: 来自 ERP 的证据. 内蒙古师范大学学报 (自然科学汉文版), (1): 51-57.

林泳海, 张必隐. 1999. 中文音韵在词汇通达中的作用. 心理科学 (2): 152-155, 191.

刘伟志, 梁宁建, 高旭辰, 等. 2005. 中国大学生第二语言知识的心理表征特征. 应用心理学, 11 (1): 15-20.

乔静芝. 2009. 聋人与健听大学生中文阅读知觉广度的眼动研究. 天津师范大学硕士学位论文.

任桂琴, 韩玉昌, 于泽. 2008. 句子语境中汉语词汇歧义消解的眼动研究. 心理科学, (4): 875-879.

沈德立. 2001. 学生汉语阅读过程的眼动研究. 北京: 教育科学出版社.

隋雪, 毕鸿燕. 2007. 阅读理解中汉语量词的眼动特点分析. 心理科学, (5): 1065-1067.

苏娟, 阴国恩, 白学军, 等. 2015. 词切分在蒙语阅读中的作用//中国心理学会. 第十八届全国心理学学术会议摘要集——心理学与社会发展: 384-385.

王丹, 杨玉芳. 2004. 重音和信息结构在口语语篇理解中的作用. 西北工业大学学报 (社会科学版), (2): 44-49, 59.

王京山. 2005. 汉字的文字特性及其对活字印刷术发展的限制. 北京印刷学院学报, (3): 44-45.

王丽红. 2011. 中文阅读知觉广度的眼动研究. 天津师范大学博士学位论文.

王书平. 2009. 蒙古族学生英语学习障碍分析及其对策研究. 英语教学, (12): 156-158.

王雨函, 隋雪, 刘西瑞. 2008. 阅读中跳读现象的研究. 心理科学, (3): 667-670.

魏景汉, 罗跃嘉. 2010. 事件相关电位原理与技术. 北京: 科学出版社.

闻素霞, 热比古丽·白克力. 2009. 语音在维—汉双语者汉字识别中的作用. 心理与行为研究, (2): 134-136, 157.

吴捷, 张兰兰, 巫金根. 2010. 高中生英语阅读知觉广度的眼动研究. 心理学探新, (2): 29-34.

吴霞. 2003. 维吾尔族学生英语学习观念和动机的调查. 新疆大学学报 (社会科学版), (S1): 126-130.

熊建萍. 2007. 不同年级学生中文阅读知觉广度的眼动研究//中国心理学会. 第十一届全国心理学学术会议论文摘要集: 65-66.

熊建萍. 2014. 汉语发展性阅读障碍儿童与其年龄和阅读能力匹配组儿童的阅读知觉广度比较研究//中国心理学会. 第十七届全国心理学学术会议论文摘要集: 1789-1790.

闫国利, 白学军. 2007. 汉语阅读的眼动研究. 心理与行为研究, (3): 229-234.

闫国利, 白学军. 2012. 眼动研究心理学导论——揭开心灵之窗奥秘的神奇科学. 北京: 科学出版社.

闫国利, 伏干, 白学军. 2008. 不同难度阅读材料对阅读知觉广度影响的眼动研究. 心理科学, (6): 1287-1290.

闫国利, 王丽红, 巫金根, 等. 2011. 不同年级学生阅读知觉广度及预视效益的眼动研究.

心理学报,（3）：249-263.

闫国利, 熊建萍, 臧传丽, 等. 2013. 阅读研究中的主要眼动指标评述. 心理科学进展,（4）：589-605.

闫国利, 张兰兰, 郎瑞, 等. 2008. 大学生英语阅读知觉广度的眼动研究. 心理研究,（2）：80-85.

闫国利, 张兰兰, 张霞, 等. 2012. 汉语阅读中的心理词加工. 心理与行为研究,（3）：183-189.

尹文刚. 1990. 汉字失读的类型与意义. 心理学报,（3）：297-305.

苑莉, 韩玉昌. 2007. 阅读不同难度水平英文文章的眼动特征研究. 鞍山师范学院学报,（2）：95-97.

张少敏. 2010. 维吾尔语作为母语对维吾尔族学生英语语音的影响———一份来自对山东理工大学维族学生英语发音的调查报告. 长春理工大学学报（高教版）,（3）：75-76.

张武田, 冯玲, 何海东. 1993. 汉字识别中的语音效应. 心理学报,（4）：353-358.

张仙峰, 叶文玲. 2006. 当前阅读研究中眼动指标述评. 心理与行为研究,（3）：236-240.

张宪魁. 2000. 物理科学方法教育. 青岛：青岛海洋大学出版社.

赵仑. 2004. ERP 实验教程. 天津：天津社会科学院出版社.

周永垒, 任桂琴. 2011. 词汇识别的眼动研究. 辽宁师范大学学报（社会科学版）,（5）：54-57.

朱莹, 巫金根, 张兰兰, 等. 2009. 大学生阅读不同难度英文句子知觉广度的眼动研究. 心理研究,（4）：26-31.

Adrian E D, Matthews B H C. 1934. The Berger rhythm: Potential changes from the occipital lobes in man. Brain, 57: 355-385.

Allopenna P D, Magnuson J S, Tanenhaus M K. 1998. Tracking the time course of spoken word recognition using eye movements: Evidence for continuous mapping models. Journal of Memory and Language, (4): 419-439.

Baron J. 2000. Thinking and Deciding. Cambridge: Cambridge University Press.

Berger H. 1929. Electroencephalogram in humans. Archiv fur Psychiatrie und Nervenkrankheiten, 87: 527-570.

Bouma H, de Voogd A H. 1974. On the control of eye saccades in reading. Vision Research, 14: 273-284.

Caramazza A, Brones I. 1979. Lexical access in bilinguals. Bulletin of the Psychonomic Society, 13: 212-214.

Chen H C, Vaid J, Bortfeld H, et al. 2008. Optical imaging of phonological processing in two distinct orthographies. Experimental Brain Research, (3): 427-433.

Collewijn H, Mark F, Jansen T C. 1975. Precise recording of human eye movements. Vision Research, 15: 447-450.

Cords R. 1927. Uber hebelnystagmographie. Graefes Arch. Ophthal, 118: 771.

Cornsweet T N, Crane H D. 1973. An accurate eye tracker using first and fourth purkinje images. Journal of the Optical Society of America, 63(8): 921-928.

Davis P A. 1939. Effects of acoustic stimuli on the waking human brain. Journal of Neurophysiology, (2): 494-499.

Dijkstra T, Grainger J, Van Heuven W J B. 1999. Recognition of cognates and interlingual homographs: The neglected role of phonology. Journal of Memory and Language, (4): 496-518.

Dijkstra T, Van Heuven W J B. 2002. The architecture of the bilingual word recognition system: From identification to decision. Bilingualism: Language and Cognition, (3): 175-197.

Dodge R. 1907. An experimental study of visual fixation. The Psychological Review: Monograph Supplements, (4): i-95.

Dodge R, Benedict F G. 1915. Psychological Effects of Alcohol. Washington D C: Carnegie Institution of Washington: 232.

Donchin E. 1981. Surprise!sssss...Surprise. Psychophysiology, 18(5): 493-513.

Donchin E, Coles M G H. 1988. Is the P300 component a manifestation of context updating. Behavioral and Brain Sciences, 11(3): 355-372.

Dufau S, Grainger J, Holcomb P J. 2008. An ERP investigation of location invariance in masked repetition priming. Cognitive, Affective, & Behavioral Neuroscience, 8(2): 222-228.

Ellis A W, Young A W. 1988. Human Cognitive Neuropsychology. Hillsdale, London: Psychology Press.

Erdmann B, Dodge R. 1898. Psychologische Untersuchungen uber das Lesen. Halle: Max Niemeyer.

Forster K I, Bednall E S. 1976. Terminating and exhaustive search in lexical access. Memory and Cognition, (1): 53-61.

Green D W. 1998. Mental control of the bilingual lexico-semantic system. Bilingualism: Language and Cognition, (2): 67-81.

Grimby G, Fugl-Meyer A R, Blomstrand A. 1974. Partitioning of the contributions of rib cage and abdomen to ventilation in ankylosing spondylitis. Thorax, 29: 179-184.

Henderson J M, Dixon P, Petersen A, et al. 1995. Evidence for the use of phonological representations during transsaccadic word recognition. Journal of Experimental Psychology Human Perception & Performan, 21: 82-97.

Henderson J M, Ferreira F. 1990. Effects of foveal processing difficulty on the perceptual span in reading: Implications for attention and eye movement control. Journal of Experimental Psychology Learning Memory & Cognition, (3): 417-429.

Holcomb P J, Grainger J. 2006. On the timecourse of visual word recognition: An event-related potential investigation using masked repetition priming. Journal of Cognitive Neuroscience, 18: 1631-1643.

Hoosain R, Osgood C E. 1983. Processing times for English and Chinese words. Attention,

Perception, & Psychophysics, 34: 573-577.

Huettig F, Rommers J, Meyer A S. 2011. Using the visual world paradigm to study language processing: A review and critical evaluation. Acta Psychologica, (2): 151-171.

Huettig F, Altmann G T M. 2007. Visual-shape competition during language-mediated attention is based on lexical input and not modulated by contextual appropriateness. Visual Cognition, (8): 985-1018.

Huettig F, McQueen J M. 2007. The tug of war between phonological semantic and shape information in language-mediated visual search. Journal of Memory and Language, (4): 460-482.

Huey E B. 1908. The Psychology and Pedagogy of Reading. New York: Macmillan.

Inhoff A W. 1989. Parafoveal processing of words and saccade computation during eye fixations in reading. Journal of Experimental Psychology: Human Perception & Performance, (3): 544-555.

Inhoff A W, Liu W. 1998. The perceptual span and oculomotor activity during the reading of Chinese sentences. Journal of Experimental Psychology: Human Perception and Performance, 24(1):20-34.

Jared D, Seidenberg M S. 1991. Does word identification proceed from spelling to sound to meaning. Journal of Experimental Psychology: General, 120: 358-394.

Jasper H H, Carmichael L. 1935. Electrical potentials from the intact human brain. Science, 81: 51-53.

Johansson G, Backlund F. 1960. A versatile eye-movement recorder. Scandinavian Journal of Psychology, 1(1): 181-186.

Just M A, Carpenter P A. 1980. A theory of reading: From eye fixations to comprehension. Psychological Review, 87(4): 329-354.

Just M A, Carpenter P A. 1993. The intensity dimension of thought: Pupillometric indices of sentence processing. Canadian Journal of Experimental Psychology, 47(2): 310-339.

Kahneman D, Tversky A. 1972. Subjective probability: A judgment of representativeness. Cognitive Psychology, (3): 430-454.

Karelaia N. 2009. Predictably irrational: The hidden forces that shape our decisions. The Academy of Management Perspectives, (1): 86-88.

Kennison S M, Clifton C. 1995. Determinants of parafoveal preview benefit in high and low working memory capacity readers: Implications for eye movement control. Journal of Experimental: Psychology Learning Memory Cognition, (1): 68-81.

Kenyon R V. 1985. A soft contact lens search coil for measuring eye movements. Vision Research, 25(11): 1629-1633.

Koda K. 1988. Cognitive process in second language reading: Transfer of L1 reading skills and strategies. Second Language Research, 4: 133-155.

Koda K. 1993. Transferred L1 strategies and L2 syntactic structure in L2 sentence comprehension. The Modern Language Journal, 77(4): 490-500.

Koda K. 1998. The role of phonemic awareness in L2 reading. Second Language Research, 14(2): 194-215.

Kroll J F, de Groot A M B. 2005. Handbook of Bilingualism: Psycholinguistic Approaches. New York: Oxford University Press.

Kutas M, Hillyard S A. 1980. Reading between the lines: Event-related brain potentials during natural sentence processing. Brain & Language, 11(2): 354-373.

Liversedge S, Paterson K B, Pickering M J. 1998. Eye Movements and Measures of Reading Time//Underwood G. Eye Guidance in Reading and Scene Perception. Amsterdam: Elsevier: 55-75.

Luck S J. 2005. An Introduction to the Event-Related Potential Technique. Cambridge: The MIT Press.

Lukatela G, Turvey M T. 1994. Visual lexical access is initially phonological: 1. Evidence from associative priming by words, homophones, and pseudohomophones. Journal of Experimental Psychology: General, (2): 107-128.

Malins J G, Joanisse M F. 2010. The roles of tonal and segmental information in Mandarin spoken word recognition: An eyetracking study. Journal of Memory and Language, 62: 407-420.

McConkie G W, Rayner K. 1975. The span of the effective stimulus during a fixation in reading. Attention, Perception, & Psychophysics, (6): 578-586.

McConkie G W, Rayner K. 1976. Asymmetry of the perceptual span in reading. Bulletin of the Psychonomic Society, 8: 365-368.

McConkie G W, Underwood N R, Zola D, et al. 1985. Some temporal characteristics of processing during reading. Journal of Experimental Psychology: Human Perception & Performance, (2): 168-186.

McConkie G W, Hogaboam T W, Wolverton G S, et al. 1979. Toward the use of eye movements in the study of language processing. Discourse Processes, (3): 157-177.

McConkie G W, Zola D, Wolverton G S. 1980. How precise is eye guidance? Paper Presented at the Annual Meeting of the American Education Research Association. Boston: April.

Miles W. 1928. The peep-hole method for observing eye movements in reading. Journal of General Psychology, (2): 373-374.

Morrison R E. 1984. Manipulation of stimulus onset delay in reading: Evidence for parallel programming of saccades. Journal of Experimental Psychology: Human Perception & Performance, 10(5): 667-682.

O'Regan J K, Lévy-Schoen A, Pynte J, et al. 1984. Convenient fixation location within isolated words of different length and structure. Journal of Experimental Psychology: Human Perception & Performance, 10(2): 250-257.

Oakan R, Wiener M, Cromer W. 1971. Identification, organization, and reading comprehension for good and poor readers. Journal of Educational Psychology, 62: 71-78.

Osaka N. 1992. Size of saccade and fixation duration of eye movements during reading: Psychophysics of Japanese text processing. Journal of the Optical Society of America A: Optics, Image Science, and Vision, (1): 5-13.

Osaka N. 1998. Brain model of self-consciousness based on working memory. Japanese Psychological Review, 41(2): 87-95.

Osaka N, Oda K. 1991. Effective visual field size necessary for vertical reading during Japanese text processing. Bulletin of the Psychonomic Society, (4): 345-347.

Osaka N, Osaka M. 2002. Individual differences in working memory during reading with and without parafoveal information: A moving-window study. American Journal of Psychology, (4): 501-513.

Peter M, Turvey M T. 1994. Phonological codes are early sources of constraint in visual semantic categorization. Attention, Perception, & Psychophysics, (5): 497-504.

Pollatsek A, Bolozky S, Well A D, et al. 1981. Asymmetries in the perceptual span for Israeli readers. Brain & Language, (1): 174-180.

Pritchard W S. 1981. Psychophysiology of P300. Psychological Bulletin, 89(3): 506-540.

Ratliff F. 1952. The role of physiological nystagmus in monocular acuity. Journal of Experimental Psychology: Human Perception and Performance, 43: 163-172.

Rayner K. 1977. Visual attention in reading: Eye movements reflect cognitive processes. Memory & Cognition, 5(4): 443-448.

Rayner K. 1978. Eye movements in reading and information processing. Psychological Bulletin, (3): 618-660.

Rayner K. 1998. Eye movements in reading and information processing: 20 years of research. Psychological Bulletin , (3): 372-422.

Rayner K. 2009. Eye movements and attention in reading, scene Perception, and visual search. The Quarterly Journal of Experimental Psychology, (8): 1457-1506.

Rayner K, Balota D A, Pollatsek A. 1986. Against parafoveal semantic preprocessing during eye fixations in reading. Canadian Journal of Experimental Psychology, (4): 473-483.

Reichle E D, Pollatsek A, Fisher D L, et al. 1998. Toward a model of eye movement control in reading. Psychological Review, 105(1): 125-157.

Reulen J P, Bakker L. 1982. The measurement of eye movement using double magnetic induction. IEEE Transactions on Bio-medical Engineering, 29(11): 740-744.

Robinson D A. 1963. A method of measuring eye movement using a scleral search coil in a magnetic field. IEEE Transactions on Bio-medical Engineering, 10: 137-145.

Rubenstein H, Lewis S S, Rubenstein M A. 1971. Evidence for phonemic recoding in visual word recognition. Journal of Memory and Language, 10: 645-657.

Sackett D L. 1979. Bias in analytic research. Journal of Chronic Diseases, 32(1-2): 51-63.

Sams M, Hämäläinen M, Antervo A, et al. 1985. Cerebral neuromagnetic responses evoked by short auditory stimuli. Clinical Neurophysiology, 61(4): 254-266.

Schirmer A, Tang S L, Penney T B, et al. 2005. Brain responses to segmentally and tonally induced semantic violations in Cantonese. Journal of Cognitive Neuroscience, (1): 1-12.

Seidenberg M S. 1985. The time course of phonological code activation in two writing systems. Cognition, 19: 1-30.

Stratton G M. 1906. Symmetry, linear illusions, and the movements of the eye. Psychological Review, 13: 82-96.

Sun F, Morita M, Stark L W. 1985. Comparative patterns of reading eye movement in Chinese and English. Perception & Psychophysics, 37(6): 502-506.

Sutton S, Braren M, Zubin J, et al. 1965. Evoked-potential correlates of stimulus uncertainty. Science, 150: 1187-1188.

Taft M, Graan F V. 1998. Lack of phonological mediation in a semantic categorization task. Journal of Memory and Language, 38: 203-224.

Tinker M A. 1931. Apparatus for recording eye-movements. The American Journal of Psychology, 43: 115-118.

Volkmann F C. 1962. Vision during voluntary saccadic eye movements. Journal of the Optical Society of America, 52: 571-578.

White S J, Rayner K, Liversedge S P. 2005. Eye movements and the modulation of parafoveal processing by foveal processing difficulty: A re-examination. Psychonomic Bulletin & Review, (5): 891-896.

Xu Y, Pollatsek A, Potter M C. 1999. The activation of phonology during silent Chinese word reading. Journal of Experimental Psychology: Learning, Memory, and Cognition, (4): 838-857.

Yarbus A L. 1967. Eye Movements and Vision. New York: Plenum Press.

Ye Y, Connine C M. 1999. Processing spoken Chinese: The role of tone information. Language and Cognitive Processes, (5-6): 609-630.

Yu H Z, Chen G P, Wang J B, et al. 2012. An Eye Movement Study on the Different Segmentations' Effects on Han and Tibetan College Students' Reading Habit. The 2012 International Conference on Computer Science and Service System.

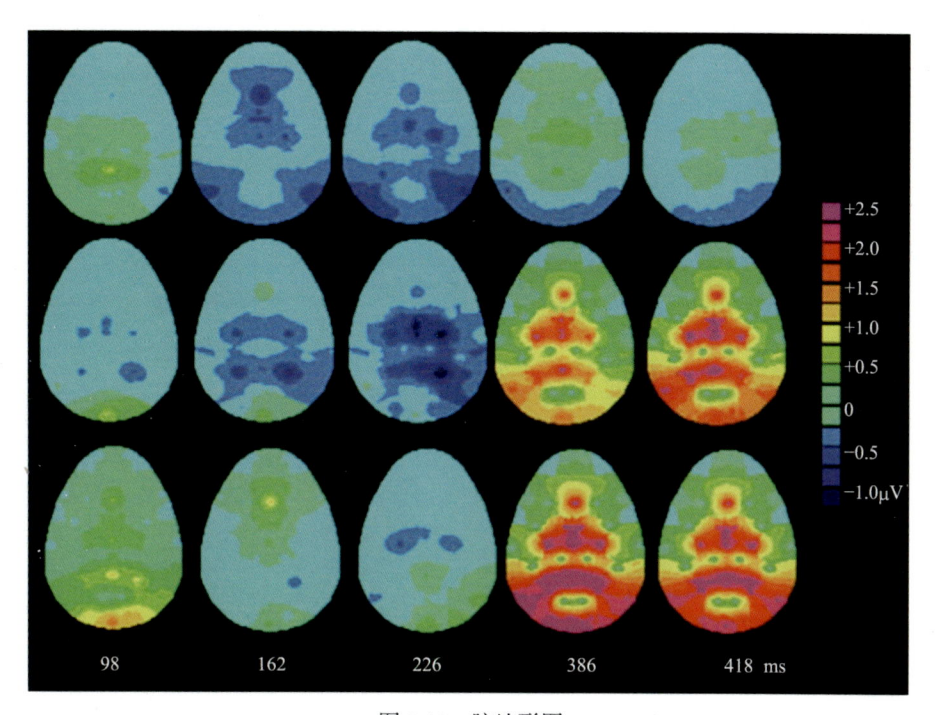

图 1.12　脑地形图

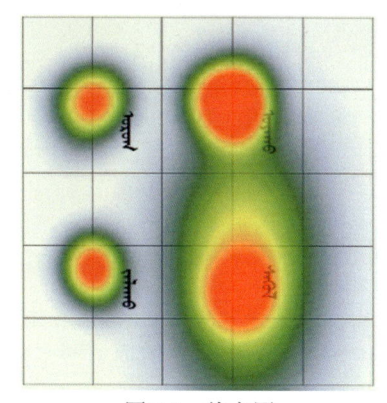

图 3.5　热点图

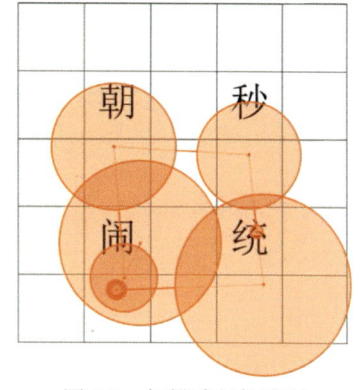

图 3.7　扫描路径轨迹图

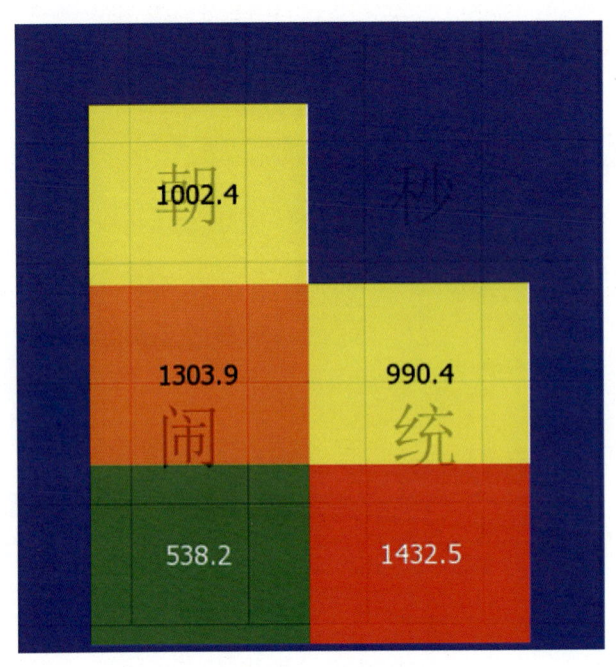

图 3.8 屏幕位置注视信息图